ÜBER FLIEGER

INHALT

SCHWIERIGKEITSSTUFEN

einfach

mittel

schwierig

TIERISCH UNTERWEGS

FLUGSPORT

HELDENEQUIPMENT

DER COUNT-DOWN LÄUFT!

Wärst du gerne ein furchtloser Astronaut oder ein tollkühner Pilot? Vom Fliegen nur zu träumen war gestern, denn hier wird wirklich abgehoben! In diesem Buch gibt es tierische Flugobjekte, geheime Nachtmissionen, spektakuläre Raketen, Ausrüstung für smarte Flugkapitäne, wahre Segelkünstler und jede Menge Flugaction.
Hier wird gesägt, gehämmert, gefaltet und konstruiert: Erobere dir den Luftraum! Baue dir einen Doppeldecker, kapere einen Helikopter, bastle dir einen leuchtenden Bumerang und gestalte dein eigenes Piloten-Outfit. Du spielst lieber mit der ganzen Crew? Na, dann werdet zu Super-Kitern, zeigt den Hornissen, was fliegen wirklich heißt und steuert eine Raumkapsel von der Erde zum Mars.
Hier wird mit allen Techniken und allen Materialien das entwickelt, was einen echt zum Überflieger macht. Du bist schon einer? Willkommen an Bord – und 3-2-1-0, los geht's!
Wir wünschen dir viel Spaß im Hangar, auf dem Rollfeld und über den Wolken!

/// Starterlaubnis erteilt ///

Bianka Langreder   Franziska Heidenreich

SO GEHT'S

/// Grundregel ///
Fliegerehrenkodex: Egal welche Raketen und Wurfgeschosse hier vorstellt werden, ziele damit nie auf Menschen oder Tiere!

VORLAGEN

Die Zeichnungen hinten im Buch kannst du direkt auf dein Baumaterial pausen: Einfach ein Kohlepapier unter die Vorlagenseite legen und die Zeichnung direkt auf dein Holz oder deinen Stoff malen, indem du sie im Buch mit einem Kugelschreiber nachfährst. Manche Vorlagen musst du zuerst am Kopierer vergrößern.

ASSISTENTEN

Achte bitte darauf, dass du mit allen Werkzeugen, vor allem elektrischen, mit Feuer und Cuttern vorsichtig umgehst. Wenn du damit noch keine Erfahrung haben solltest, dann benötigst du unbedingt einen erwachsenen Assistenten!

WAS MALT WORAUF?

Du kannst alle Modelle grundsätzlich mit Acrylfarbe oder wasserfesten Stiften (Permanentmarkern) in deinen Lieblingsfarben bemalen. Um wirkliche Outdoortauglichkeit herzustellen, sollten die Farben mit einer dünnen Schicht Transparentlack angesprüht werden. Plastik kann man entweder mit Modellbaufarben oder speziellen Acrylfarben für Plastik bemalen. Alternativ mixt du Acrylfarbe 2:1 mit Bastelkleber.

WAS KLEBT WOMIT?

Fast alle Flugobjekte in diesem Buch kannst du mit UHU Hart, einem Modellbaukleber, fixieren. Sonderstoffe wie Styropor® werden mit speziellen Klebstoffen verklebt, weil das Material porös wird oder „zerfrisst", wenn Material und Klebstoff nicht zueinander passen.

SPEZIALMATERIAL

Sprühfarben oder -lacke und Spezialklebstoffe wie Epoxydharz oder Sekundenkleber solltest du nur im Beisein eines Erwachsenen verwenden. Achte darauf, dass dein Arbeitsplatz gut belüftet ist. Am besten arbeitest du im Freien.

PILOT WERDEN

WIE WERDE ICH PILOT?

Du musst gesunde Augen haben und sehr gut in der Schule sein. Dann kannst du vielleicht einmal Berufspilot werden. Eignungstests führt die DLR durch. Aber auch als reines Hobby ist Fliegen großartig! In Deutschland kannst du sobald du das 14. Lebensjahr vollendet hast eine Segelfliegerlizenz erwerben. Dazu musst du ein paar knifflige Prüfungen ablegen (Meteorologie, Navigation, Technik, Flugrecht und Funk). Aber wenn du das wirklich willst, dann schaffst du das auch! Für eine private Pilotenlizenz (PPL) für Motorflugzeuge, Heißluftballons oder Hubschrauber kannst du dich ab dem vollendeten 16. Lebensjahr an einer Flugschule anmelden.

WO BEKOMME ICH MEHR INFORMATIONEN?

Wissenswertes über Flugzeuge, UFOs, Raketen, Hubschrauber, Flugsportgeräte und das Weltall bieten Flugzeug- und Raumfahrtmuseen. Vielleicht gibt es bei dir in der Nähe ja auch eine Flugschule? Selbst wenn du noch zu jung für einen Segelflugschein sein solltest, kannst du dort einen Flugsimulator ausprobieren und mit Experten sprechen. Vielleicht wirst du ja selbst bald Hobbypilot? In einem Museum (www.luftfahrtmuseum-rothenburg.de) und auf einem Flugplatz für Leichtflugzeuge (www.flugplatz-rothenburg-goerlitz.de) sind auch die Bilder in diesem Buch entstanden.
Wenn dir das Tüfteln rund um die Aerodynamik am meisten zusagt, dann solltest du mal in einen Drachenladen oder ein Modellbaugeschäft gehen – es warten wunderbare Welten auf dich!

WAS IST EIN FLUGSIMULATOR?

Ein Flugsimulator stellt in einer computergesteuerten Kapsel so wirklichkeitsgetreu wie möglich nach, wie das Fliegen eines Flugzeugs oder eines Raumschiffs tatsächlich ist. Es gibt die Möglichkeit, einen Nachtflug oder ein Unwetter zu simulieren. Wichtig sind Flugsimulatoren insbesondere für Astronauten, denn die müssen sich mit dieser Art Training auf ihr Leben im All vorbereiten.

FUNKSPRACHE

Im Flugfunk verwendet man häufig englische Phrasen, um schnell eindeutige Signale zu übermitteln zu können. Hier die wichtigsten:

Mayday (3x) Notsignal, das um die eigene Flugzeug-Kennnummer und die gerufenen Station ergänzt werden sollte. Anschließend gibt man den Notfall an, z. B. dass man notlanden muss

Acknowledge bitte bestätigen Sie

Affirm Ja

Negative Nein

Approved genehmigt

Break die Meldung war undeutlich/Teile des Funkverkehrs waren unterbrochen (wörtlich „Trennung")

Contact wenn man eine Verbindung hergestellt haben möchte (Rufen Sie...)

Over meine Nachricht ist zu Ende, ich erwarte Antwort (bitte kommen)

Out meine Nachricht ist zu Ende, ich erwarte keine Antwort (Ende)

Report ich möchte folgende Informationen (Melden Sie mir...)

Request Anfrage, z. B. erbitte Landegenehmigung

Roger ich habe verstanden

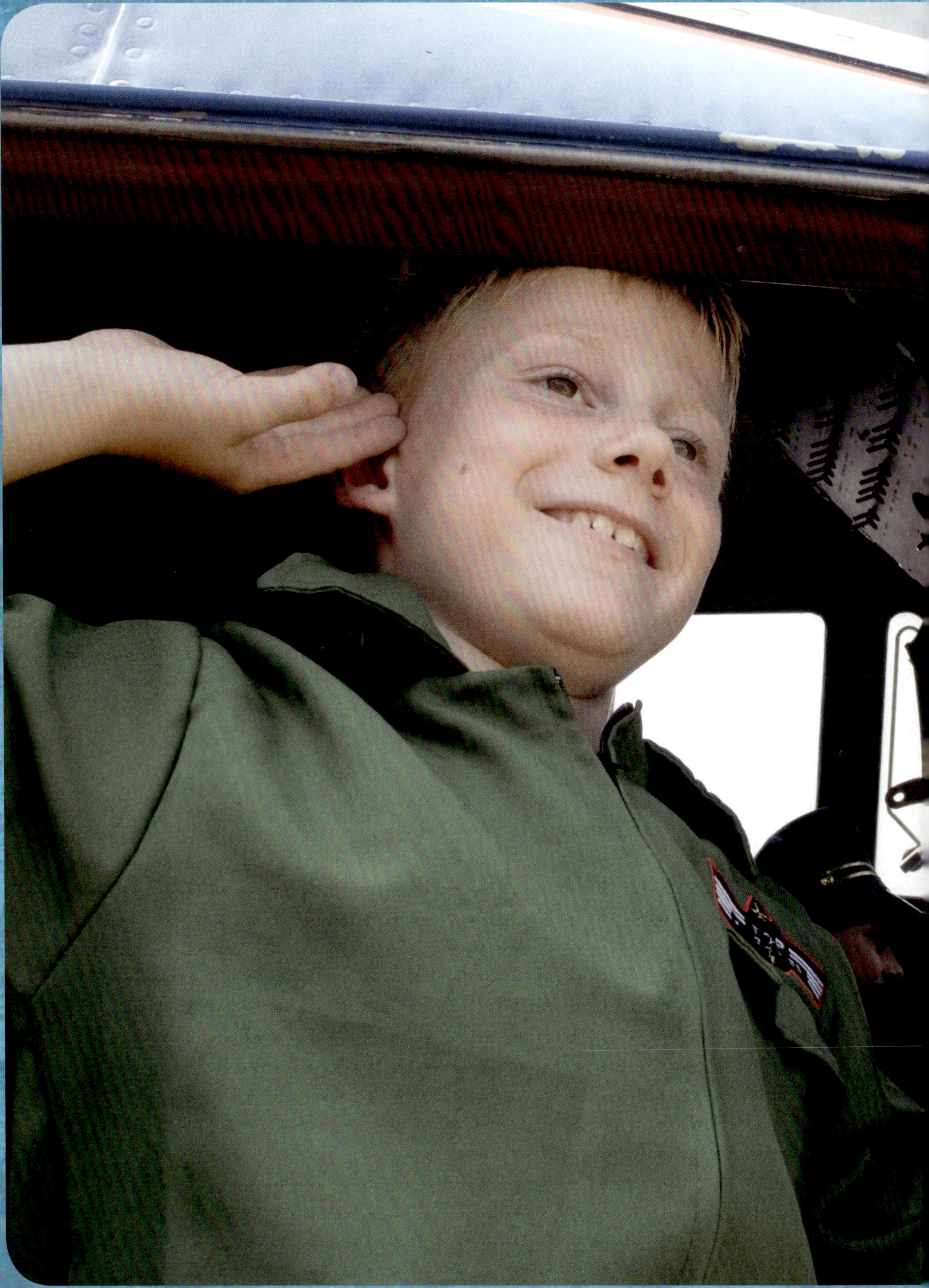

I'M FLYING!

METALLICA

// Metallflugzeug //

Bauteile

- ★ Kupferblech, 0,02 cm x 12 cm x 21 cm
- ★ Aluminumweißblech, fein gerillt, 0,02 cm x 21 cm x 21 cm
- ★ Weißblech, verzinnt, 6 cm x 6 cm
- ★ 2 Stifthalter aus Metall
- ★ 6 Ösen
- ★ Lochzange, ø 0,6 cm
- ★ großer Luftballon in Gelb
- ★ Papier, A3
- ★ Spannseilkonstruktion, 2 m lang (alternativ Schnur, 3 m lang)
- ★ Mundstück von einer Partytröte (alternativ Strohhalm)
- ★ Nylonfaden, 50 cm lang
- ★ Isolierband in Rot, 10 cm lang
- ★ Strohhalm
- ★ Klebefilm

Werkzeuge

- ★ Tacker
- ★ Ösenzange
- ★ Schere

Vorlage

Seite 119

1 Übertrage die Vorlagen auf Papier und schneide sie aus.

2

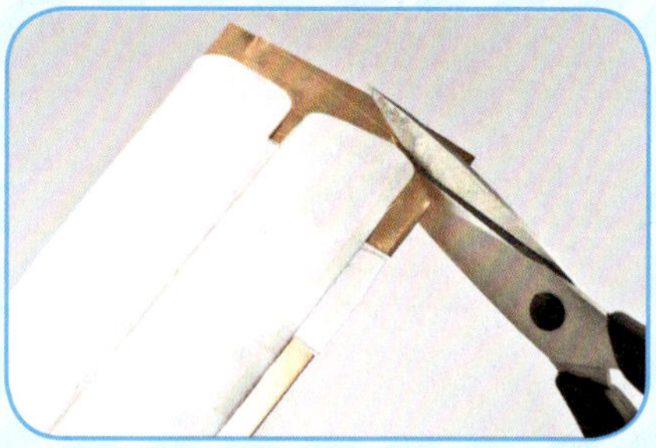

Klebe die Papierschablonen mit etwas Klebefilm auf das entsprechende Metall und schneide die Bauteile entlang der Papierkante mit einer scharfen Schere aus.

3

Knicke das Kupferblech mittig, sodass es doppelt liegt. Biege die Metallzungen um, sodass eine längliche Tragfläche entsteht. Das Biegen geht leichter, wenn du es an einer Tischkante machst.

4

Mit einer Ösenzange prägst du Kreise ein, damit deine Tragflächen wie genietet aussehen.

WISSEN

/// Dass dieser Flieger „fliegt", liegt am Luftwiderstand der entweichenden Luft im Verhältnis zur Umgebungsluft. Die aus dem Ballon strömende Luft drückt das Metallflugzeug in die entgegengesetzte Richtung. Das Prinzip nennt man Rückstoß. Durch Rückstoß werden auch viele Raketen angetrieben. ///

>>

METALLICA

5

Baue den Bug: Knipse mit der Lochzange alle Löcher hinein, die auf der Vorlage angegeben sind. Wölbe den Bug der Länge nach mittig, sodass eine Art Schiffchen entsteht. Am hinteren Ende biegst du die Seiten aufeinander zu. Loche beide Teile mit der Lochzange und drücke eine Niete hinein. Die langen Laschen darüber drückst du nach außen.

6 Nun nimmst du den oberen Teil des Bugs, wölbst auch diesen und lochst ihn, wie in der Vorlage eingezeichnet.

7

Die kleinen abgerundeten Rechtecke aus der dem gewellten Aluminiumblech nimmst du als nächstes zur Hand: Das kürzere Stück wölbst du in der Mitte und legst es über das Rechteck. An allen vier Ecken tackerst du beide Bleche zusammen. Tackere dieses Bauteil oben am Bug fest.

8 Den oberen und den unteren Bugteil legst du nun aufeinander. Der obere Teil überlappt den unteren Teil. Die Löcher sollten sich treffen; nun drückst du durch die Löcher mit einer Ösenzange eine Öse jeweils durch beide Löcher links und rechts vom Flugzeug. Am hinteren Teil befestigst du den oberen und den unteren Teil ebenfalls mit einer Öse aneinander.

9

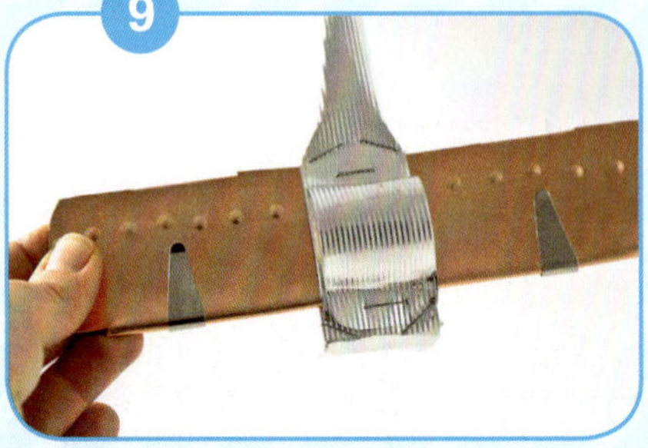

Zwischen den Rechtecken, die du oben festgetackert hast und zwischen dem eigentlichen Bug schiebst du die kupferfarbene Tragfläche hindurch. Sie sollte straff steckenbleiben. Wackelt sie, tackerst du noch ein paar Tackernadeln dicht an der Tragfläche durch den Bug.

10

An den Tragflächen befestigst du links und rechts jeweils einen Stifthalter – das sind die Propellerdüsen.

11 Das kleine rechteckige Blechteil wölbst du zur Flugzeugnase. Vorn einschieben. Durch die Spannung sollte es von allein halten (notfalls kannst du es auch mit etwas Metallkleber einkleben).

12

Das kleine Kupferteil wird zum Höhenruder. Du befestigst es durch die angegebenen Löcher an den überstehenden Teilen am Heck.

13

Fädle nun einen Nylonfaden durch die Wölbung oben am Flugzeug und mache einen Knoten. Die Enden des Nylonfadens verknotest du ebenfalls und legst die Knotenstelle über das Mundstück der Tröte.

Rumpflänge: 21 cm

Ingenieursleistung: Unübertroffen

Jubelfaktor: 15

14

Den Strohhalm kürzt du auf 6 cm. Mit dem Isolierband verbindest du das Mundstück mit dem Strohhalm und klebst dabei den Knoten des Nylonfadens mit ein. Fädle jetzt den Strohhalm auf eine Spannseilkonstruktion oder auf eine dickere Schnur. Spanne die Schnur straff.

15 Wenn du nun den Luftballon aufbläst und loslässt, saust dein Flugzeug am Seil entlang ab. Der Strohhalm führt den sonst willkürlich umherfliegenden Luftballon am Seil entlang, während er sich entleert.

TIPP

/// Hänge auch mal ein Papierflugzeugen an die Luftballonkonstruktion oder kürze den Nylonfaden. Schau, was das mit deinem Flugobjekt macht – wird es schneller oder langsamer? Fliegt es besser oder schlechter? Beeinflusst das Gewicht des Fliegers oder die Länge des Fadens das Flugverhalten? ///

ABGEDREHT!

// DIY-Propellerflugzeug //

1 Beklebe ein Blatt Papier mit blauer Holografiefolie und rückseitig mit weißer Holografiefolie. Falte den Flieger (das Faltschema findest du auf Seite 125).

2 Bereite den Propeller vor, indem du ihn nach Vorlage aus Karton ausschneidest, mit Holografiefolie in Regenbogenfarben beklebst und dann nach der Faltskizze auf Seite 125 faltest.

3

Es folgt nun der Bau den Antriebs: Am Flugzeugbauch befestigst du mit Klebeband den 9 cm langen Trinkhalm.

4

Biege eine der beiden Büroklammern auseinander und bringe sie am Propeller an.

Bauteile

- ★ Papier in Weiß, A4
- ★ Holografieklebefolie in Blau, A4
- ★ Holografieklebefolie in Weiß, A4
- ★ Holografieklebefolienrest in Regenbogenfarben, 16 cm x 8 cm
- ★ Trinkhalm, 9 cm lang
- ★ Pappkarton, 20 cm x 8 cm
- ★ Metallröhrchen, ø 4 mm, 1 cm lang
- ★ Klebeband in Grün, 1,5 cm x 12 cm
- ★ Paketklebeband, 5 cm x 25 cm
- ★ Haushaltsgummi
- ★ 2 große Büroklammern, 3 cm x 1 cm
- ★ Leuchtsternsticker, 3 x ø 2,5 cm, 10 x ø 1 cm, 16 x ø 0,7 cm
- ★ doppelseitiges Klebeband
- ★ Pin

Werkzeuge

- ★ Schere

Vorlage

Seite 125

>>

Spannweite: 16 cm

Weitflugrekord: 15 m

überraschte Aufschreie: 10.015

Besiegte Gegner: 8.880.897.868

ABGEDREHT!

5

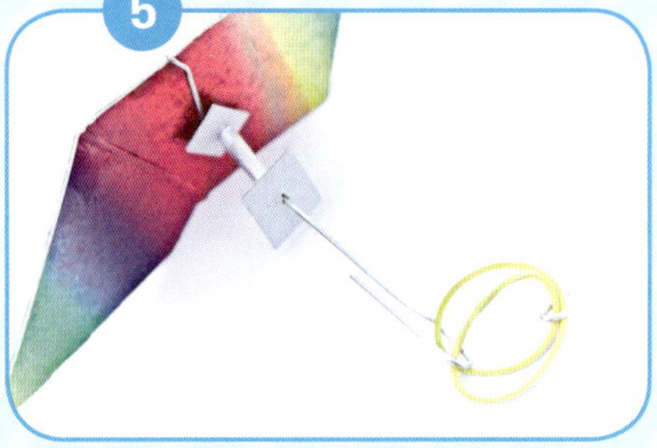

Schneide ein Quadrat mit Kantenlänge 1 cm aus Pappkarton aus und stich in die Mitte mithilfe eines Pins ein Loch. Stülpe die Pappe über die durch den Propeller gesteckte Büroklammer. Es folgt ein 1 cm langes Metallröhrchen, das du ebenfalls über die Büroklammer stülpst. Darauf folgt ein zweites Pappquadrat mit 1 cm Kantenlänge.

6

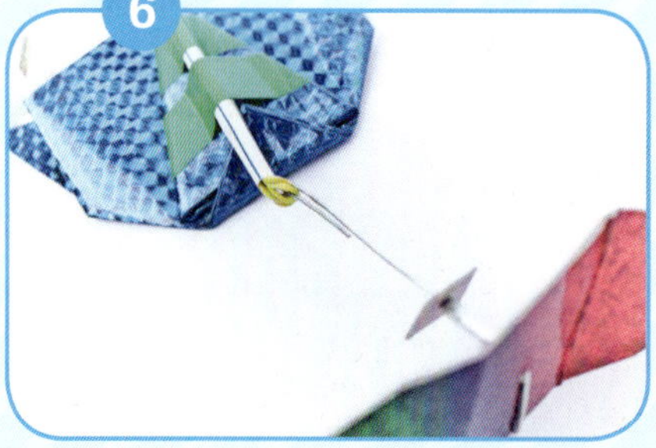

Biege die Büroklammer zu einem Haken und schlinge ein Haushaltsgummi darum. Die andere Büroklammer aufbiegen und oben ebenfalls zu einem Haken biegen, in den du das andere Ende der Haushaltsgummischleifen einfädelst.

7

Die ganze Konstruktion steckst du durch den Trinkhalm. Befestige das Ende mit Klebeband am Flugzeug, damit es sich beim Drehen des Propellers nicht wieder in den Trinkhalm zieht.

8

Klebe nachtleuchtende Sterne auf die Tragflächen des Flugzeugs. Beklebe auch den Propeller!

9 Tower, Maschine ist startklar: Drehe den Propeller des Flugzeugs bis das Gummi stark gespannt ist. Wirf das Flugzeug nach vorn und lass in diesem Moment den Propeller los. Abgedreht!

WISSEN

/// Ein Propeller besteht aus Flügeln, die um einen festen Punkt herum angeordnet sind. Sie haben eine spezielle Form, damit sie bei der Rotation des Propellers vom Wind schräg oder asymmetrisch umströmt werden und so das Flugzeug antreiben. ///

BEREIT FÜR DEN TAKE-OFF

FLIGHT ENGINEER

Ausgelöste Fliegerträume: 77

Schatten an der Wand: 2

Anzahl Farbvarianten: ∞

DOPPELTES VERGNÜGEN

// Doppeldecker mit Schwingfeder //

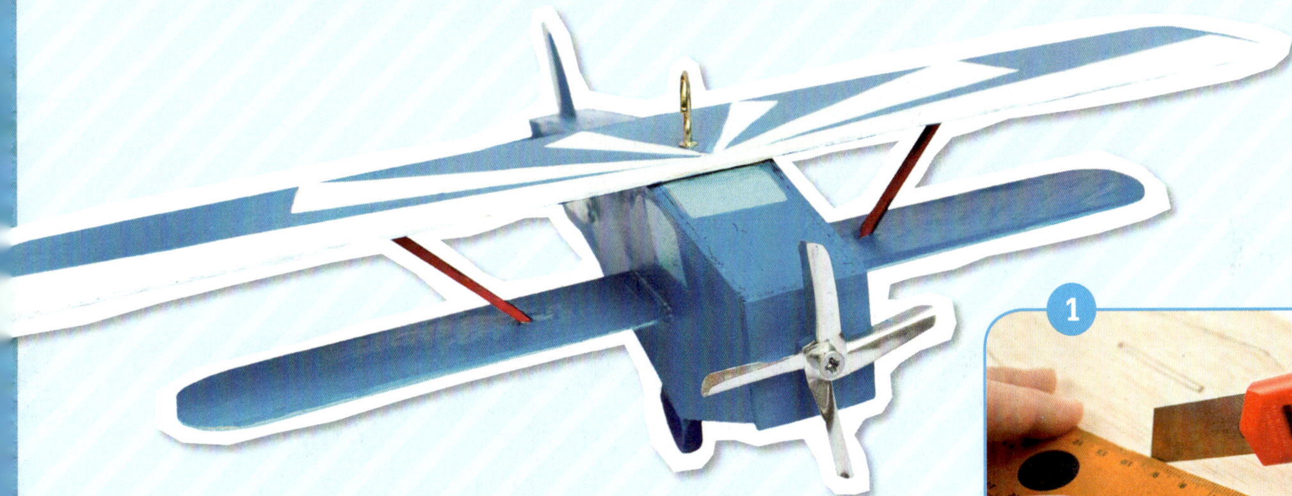

Bauteile

- ★ Balsaholzleiste, 2 mm x 100 mm x 1000 mm
- ★ Weißblech, 0,3 mm stark, 6 cm x 6 cm
- ★ Acrylfarbe in Cyanblau, Weiß und Karminrot
- ★ Kreppklebeband
- ★ 6 Holzhalbkugeln, ø 1 cm
- ★ Metallicliner in Mint
- ★ Schwingfeder für < 500 g
- ★ Hakenschraube in Messing, ø 1 cm
- ★ 2 Schraubenmuttern, ø 0,6 cm
- ★ Klarlackspray in Transparent

Werkzeuge

- ★ Cutter & Unterlage
- ★ Stift
- ★ Schere
- ★ Pinsel
- ★ 10 Haushaltsgummis
- ★ **Ein erwachsener Helfer im Tower**

Vorlage

Seite 129

1

Übertrage die Vorlagen auf das Balsaholz und schneide sie mit einem Cutter aus. Lass dir von einem Erwachsenen helfen.

2

Die Tragflächenkanten schrägst du mit dem Cutter ein bisschen ab.

3 Klebe zuerst den Korpus zusammen und fixiere die Teile mit einigen Haushaltsgummis bis sie richtig trocken sind.

>>

DOPPELTES VERGNÜGEN

Danach klebst du die Tragflächen auf. Aufs hintere Drittel des Rumpfs setzt du die sechs Halbkugeln

Präge das Weißblech diagonal, senkrecht und waagerecht mithilfe des Cutters an den Stellen, an denen du später schneidest. Die Ecken rundest du ab und in den Mittelpunkt machst du ein Loch.

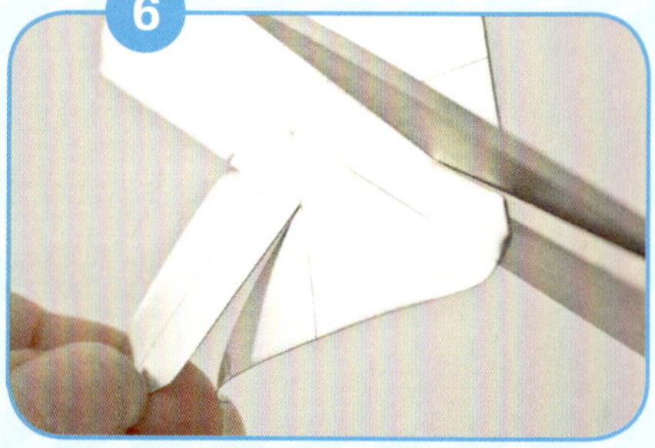

Mit einer starken Schere schneidest du nun die jeweils äußeren Kanten entlang bis zur Hälfte ein. An den Diagonalen kickst du das Blech – nimm dazu die Tischkante zur Hilfe. Nun hast du deinen Propeller.

WISSEN

/// Im ersten Weltkrieg gab es eine knallbunte, berühmte Fliegerstaffel: Die Jagdstaffel 11 des „roten Barons“. Anton Fokker, der 1924 für Polarforscher das erste Langstreckenflugzeug der Welt, die FVIIa-3m entwickelte, hat auch die Fokker DRI, den roten Dreidecker des „roten Barons“ Manfred von Richthofen gebaut. Der „rote Baron“, der erfolgreichste Jagdflieger des Deutschen Kaiserreichs, wurde am 21. April 1918 abgeschossen und starb. ///

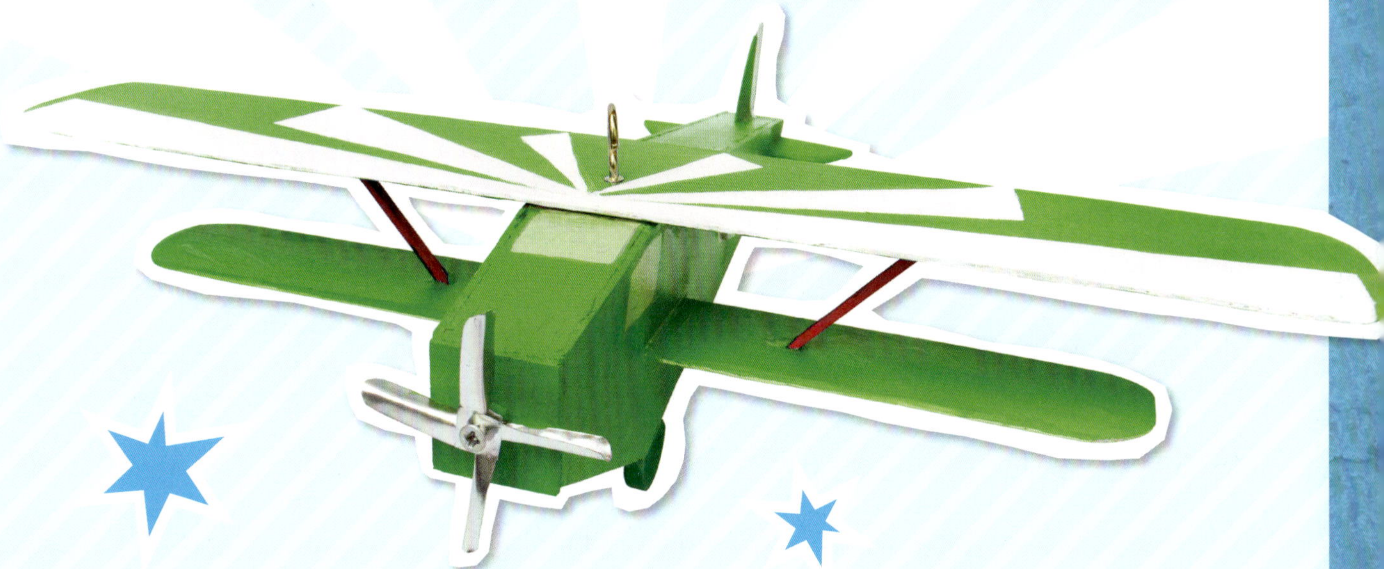

7

Halbiere einen Korken in der Mitte und halbiere die eine Hälfte noch einmal. Von diesem Kreis schneidest du ein Drittel ab. Die restlichen beiden Drittel klebst du als Reifen unten an den Bug des Flugzeugs.

8

Den halben Korken, den du übrig hast, hältst du mit dem dafür zugeschnittenen Holzteil hinter den Propeller Führe von vorn nach hinten zuerst den Propeller, dann die Muttern, das Holzteil und das Korkenstück über die Schraube. Klebe das Teil vorn auf den Rumpf des Flugzeugs.

9

Jetzt klebst du mit Kreppklebeband das Muster des Flugzeugs ab und malst es an. Lass jede Farbe gut trocknen, bevor du das Kreppklebeband abziehst und neue Flächen abklebst! Die Halbkugeln umrandest du mit dem Metallicliner.

10

Am Schluss sprühst du den ganzen Doppeldecker mit Klarlack ein und drehst den Haken oben mittig durch die Tragfläche. An der Schwungfeder kannst du dein Flugzeug nun aufhängen und es wippen lassen.

PYLON DER LÜFTE

// Fliegt in irren Kringeln //

1

Lege den A3-Tonkarton waagerecht vor dich hin. Größere Kartons einfach zuschneiden.

Bauteile

- ★ Tonkarton in Neongrün, A3
- ★ Acrylfarbe in Schwarz
- ★ UHU Hart Spezial-kleber

Werkzeuge

- ★ Pinsel
- ★ Gefäß & Wasser
- ★ 5 Haushaltsgummis
- ★ Washitape

2

Klebe den Karton zu einer Spitztüte: Beginne mit dem Aufrollen an der unteren linken Ecke. Bis der Kleber trocken ist, hältst du die Tüte mit Haushaltsgummis in Form.

3 Schneide nach dem Trocknen die Öffnung mit einer Schere gerade. Hilfreich ist es, ein Stück Washitape als Markierung um den Karton zu kleben und daran entlang zu schneiden. Das Tape ablösen.

4

Bespritze die ganze Turbotüte mit schwarzer Farbe – am besten arbeitest du draußen und legst eine Zeitung unter! Die Tütenspitze wird ebenfalls schwarz.

5

Klebe abermals ein Stück Washitape als Richtline 8 cm vom oberen Rand entfernt auf und schneide mit einer Schere in immer gleichen Abständen bis zum Washitape ein. Das Tape ablösen.

Rumpflänge: 30 cm

Flugweite: 10 m

Fluggeräusch: woooooosch

6

Knicke die einzelnen eingeschnittenen Fransen an der Öffnung schräg nach außen weg. Bemale jede zweite Franse schwarz. Trocknen lassen

7 Wirf das Hyperding mit der Spitze nach vorn in die Luft. Du kannst beobachten, wie sich die verrückte Tüte um die eigene Achse dreht und mit Turboantrieb durch die Luft saust!

ROTER GLEITER

// Segelflugzeug //

1

Übertrage die Vorlagenzeichnungen auf das Holz und schneide die Teile mit einem Cutter aus.

2

Schräge mit einem Cutter die Kanten der Tragflächen ab, damit dein Gleiter windschnittiger wird.

Bauteile

- ★ Balsaholzleiste, 3 mm x 100 mm x 1000 mm
- ★ Acrylfarbe in Ultramarinblau, Weiß und Karminrot
- ★ Isolierband in Schwarz und Blau, 1,5 cm breit, 50 cm lang
- ★ Gummiball, ø 4 cm
- ★ Klarlackspray in Transparent
- ★ wasserfester Stift in Schwarz
- ★ 2 3D-Aufkleber „Stern" in Silberglitzer, ø 2 cm und 3 cm
- ★ ggf. Holzleim

Werkzeuge

- ★ Pinsel
- ★ Cutter & Unterlage
- ★ Schere
- ★ **Ein erwachsener Helfer im Tower**

Vorlage

Seite 127

3

Stecke alle Teile einmal vorsichtig zusammen, um zu überprüfen ob sie ineinander passen. Gesteckt sollte alles von selbst halten. Hast du einmal zu viel weggeschnitten und die Teile halten nicht mehr ineinander, dann machst du das Loch wieder schmaler, indem du Holzleim in die Lücke tröpfelst, den du trocknen lässt.

4 Als nächstes malst du die Einzelteile an und lässt sie trocknen: Der Rumpf und zwei Drittel der Tragflächen werden rot. Der Rest wird weiß. Sprühe den Segelflieger abschließend mit Klarlack ein.

5 Wenn deine Teile trocken sind, steckst du deinen Gleitflieger zusammen.

6

Schneide den Gummiball mit einem Cutter bis zur Hälfte ein.

7

Male ihn blau an und lass ihn gut trocknen.

WISSEN

/// Segelflugzeuge haben keinen Motor. Meistens schleppt sie ein motorisiertes Flugzeug in den Himmel, manche werden aber auch von einem Auto gezogen. Ist der Segelflieger in der Luft, koppelt der Pilot ab und nutzt die Thermik. Im Aufwind kann er steigen und gleitet dann sanft wieder zu Boden. ///

8

Gestalte die Tragflächen, indem du den schwarzen Streifen mit Isolierband aufklebst und die blauen Quadrate ebenfalls. Dazu schneidest du viele 1,5 cm lange Stücke ab. Klebe daraus ein Karomuster. Die überstehenden Enden an den Kanten der Tragfläche stutzt du mit einer Schere.

9 Zum Schluss steckst du den Ball mit dem Schlitz vorn auf den Bug des Gleitfliegers. Unten an den Tragflächen bringst du die Sternsticker an. Jetzt kannst du ihn in einer ruhigen Bewegung schräg nach oben werfen: Der edle rote Segelflieger schwebt dem Himmel entgegen. (Wenn er nicht gut fliegt, dann hast du die Tragflächen nicht mittig genug ausgerichtet und musst nachjustieren.)

Spannweite: 60 cm

Gleitflugrekord: 13 m

Fluggeräusch: mäuschenstill

BLITZSCHNELL GEKAPERT

// Helikopter-Piraten //

Höhe: 10 cm

Spezialität: punktgenaue Landung

Kennung: Totenkopfemblem

Bauteile

- Mini-Helikopter (ferngesteuertes Spielzeug)
- Reliefpaste in Metallic-Silber und Rot
- Klebefolienrest in Nachtleuchtend
- Fotokarton in Gelb, ø 17 cm
- UHU Sekundenkleber

Werkzeuge

- Schere

Vorlage

Seite 124

WISSEN

/// Hubschrauber können punktgenau laden und auch in der Luft verharren, deshalb setzt man sie in der Berg- und in der Seerettung ein. Den ersten Hubschrauber, eine Art fliegendes Fahrrad, hat Paul Cornu 1907 erfunden. Leider flog er aber nur 1 m hoch. ///

1

Die Piraten der Lüfte haben einen Helikopter erbeutet und machen ihn nun unkenntlich: Schneide aus nachtleuchtender Folie nach Vorlage einen Totenkopf aus. Klebe diesen auf den Helikopter und hilf mit Sekundenkleber nach.

2

Damit der Helikopter nicht mehr mit dem Original in Verbindung gebracht werden kann, wird der geraubte Helikopter umlackiert: Dazu mit Reliefpaste in Rot und Metallic-Silber wie in der Abbildung gezeigt das Gehäuse anmalen und gut trocknen lassen.

3 Für den geheimen Hubschrauberlandeplatz überträgst du die Vorlage auf Fotokarton in Gelb.

4

Male mit Reliefpaste in Rot und Metallic-Silber einige Streifen auf den vorbereiteten Landeplatz auf. Lass alles gut trocknen und schneide den Landeplatz abschließend mithilfe einer Schere kreisförmig aus.

5

Starte den Hubschrauber gemäß der Gebrauchsanleitung. Kannst du punktgenau landen? Auch wenn der Helikopterlandeplatz auf einem Regal liegt? Könner legen einen Styropor®-Klotz in die Wassertonne – fertig ist der geheime Flugzeugträger! Macht einen Contest: Wer ist der coolste Pirat im Cockpit?

ADEL VERPFLICHTET

// Solarzeppelin //

1

Fasse den Boden der Mülltüte zusammen und fixiere das Bündel mit einem Haushaltsgummi.

2

Wickle die Papierkordel zweimal über Kreuz um den Stein und mache einen Knoten.

3

Klebe nun mit UHU hart die Modellbaumännchen auf dem Stein fest, so wie du sie arrangiert haben magst. Das lange Kordelstück lässt du liegen.

4 Nimm wieder die Tüte zur Hand und puste sie auf der offenen Seite auf. Damit keine Luft entweicht, verschließt du sie wieder fest mit einem Haushaltsgummi. Knote dann dieses Ende an die Kordel mit dem Stein.

5

Lege alles in die Sonne. Dein Zeppelin funktioniert mit Solarantrieb: Wenn die Sonne auf die Tüte scheint, erwärmt sich die Luft in der Tüte und der Zeppelin steigt nach oben, weil warme Luft leichter ist als kalte. Damit dein Zeppelin nicht sofort davonfliegt, hast du ihn am Stein befestigt.

Bauteile

- ★ 7 Modellbaumännchen, 19 mm hoch
- ★ 2 Haushaltsgummis
- ★ Papierkordel in Grün, 1 m lang
- ★ UHU Hart
- ★ handflächengroßer Stein
- ★ Müllsack aus Knisterplastik in Schwarz, mind. 60 l (sehr dünn)

Werkzeuge

- ★ Schere

Modellgröße: 80 cm × 40 cm

Maximale Flughöhe: 17 m

Antriebsart: Solarkraft

WISSEN

/// Ein echter Graf hat den Zeppelin erfunden: Ferdinand Graf von Zeppelin. Ein Zeppelin besteht aus einer länglichen starren Blase, die mit leichtem Gas gefüllt ist und einer daran befestigten Kabinengondel für die Passagiere. Das Gas muss leichter als Luft sein, damit der Zeppelin fliegen kann. Früher verwendete man daher Wasserstoff, heute Helium. Angetrieben wird er von motorbetriebenen Propellern. Der größte Zeppelin aller Zeiten war die LZ 129 Hindenburg. Sie war 245 m lang. ///

WEG MIT DIR!

// Moosgummiflieger zum Wegschnipsen //

Bauteile

- ★ Moosgummi in Dunkelblau, 3 mm stark, A4
- ★ Moosgummi in Mint, 3 mm stark, A5
- ★ Moosgummi in Blau, 2 mm stark, A5
- ★ Nachtleuchtpapierrest, selbstklebend
- ★ Gummiring in Lila, 5 mm stark, ø 6 cm
- ★ Holzstab, 12 cm lang, 1 cm x 1cm
- ★ Radiergummi in Rot, 1 cm x 1 cm x 2 cm
- ★ 2 Lochverstärker
- ★ 2 Klebepunkte in Rot, ø 19 mm
- ★ 6 Klebepunkte in Weiß, ø 12 mm
- ★ 2 Nägel, 3 cm lang
- ★ Nagel, 2 cm lang
- ★ UHU creativ für Moosgummi

Werkzeuge

- ★ Stift
- ★ Schere
- ★ 5 Bücher

Vorlage

Seite 128

1

Zuerst klebst du auf der linken und der rechten Seite des Moosgummis in Mint blaues Moosgummi auf. Das machst du entsprechend der Herstellerangaben auf dem Spezialklebstoff.

2 Beschwere die Schichten am besten mit mindestens fünf Büchern bis sie trocken sind.

3

Übertrage die Vorlage auf alle Moosgummiteile und schneide sie aus.

4

Nun nimmst du den Radiergummirest und schneidest ihn entsprechend der Vorlage zu. Wenn du ein bisschen damit radierst, werden die Kanten schön rund.

5

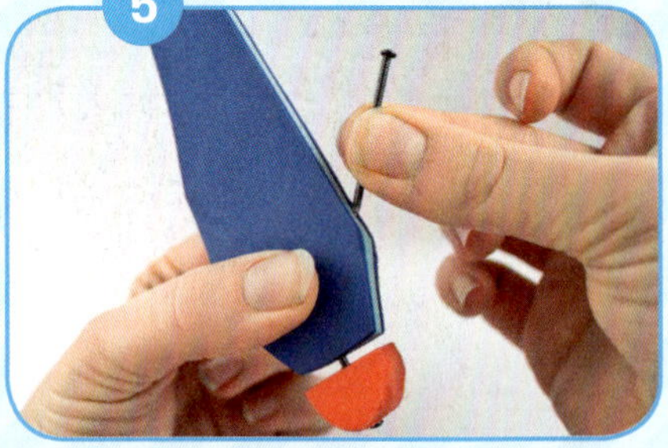

Mit einem langen Nagel, den du einfach durchschiebst, befestigst du nun den Radiergummi am Bug des Flugzeugs. Den zweiten Nagel schiebst du von unten hinten nach vorn durch das Moosgummi in den Flieger. Dabei sollten 1,5 cm noch herausstehen, damit du das Flugzeug nachher wegschnipsen kannst.

WISSEN

/// Was stehen denn da für Codes auf den Tragflächen? Ganz einfach, die Buchstaben stehen für die Staatszugehörigkeit, die Ziffern für den Flugzeugtyp. „D“ steht also für Deutschland, „OE“ für Österreich, „HB“ für die Schweiz und „JA“ für Japan. ///

6

Knote den Gummiring um den Holzstab. Fixiere ihn an einer Stelle mit dem kurzen Nagel.

7

Klebe nun auch alle Teile des Flugzeugs zusammen: Die Tragflächen klebst du an den Rumpf des Fliegers. Dabei musst du sie fest andrücken, damit alles gut klebt.

8

Zum Schluss schneidest du das nachtleuchtende Papier zu und klebst es in Streifen von unten an die Tragflächen. Mit den Klebepunkten verzierst du dein Flugzeug.

9

Jetzt kannst du dein Flugzeug am Nagel in den Gummi vom Holzstab spannen und einmal kräftig ziehen. Zischhhhh ... rauscht dein Flieger ab!

Spannweite: 14 cm

maximale Flugweite: 7 m

Spezialität: extreme Beschleunigung

TIPP

/// Dieser Flieger lässt sich auch aus starkem Papier oder Balsaholz herstellen. Achte aber darauf, dass er vorn beschwert ist – diese Aufgabe erfüllt hier der Radiergummi. ///

DARK (K)NIGHTS

NIGHTHAWK

// Loopingtauglicher Papierflieger//

Bauteile

- Transparentpapier in Dunkelblau, extra stark, A4
- 4 Klebepunkte in Weiß, ø 12 mm
- Klebepunkt in Rot, ø 19 mm
- Nachtleuchtpapierrest, selbstklebend

Werkzeuge

- Stanzer „Stern“, ø 1,6 cm
- Falzbein
- Schere

1

Falte das blaue Blatt diagonal auf die andere Seite.

2

Entfalte es wieder und knicke nun die andere Papierhälfte diagonal. Entfalten.

3

Siehst du, wo sich die beiden Knicklinien kreuzen? Falte das Papier genau durch diesen Punkt. Entfalten.

4

Falte das Papier nun einmal der Länge nach mittig. Entfalte alles.

TIPP

/// Versuche den Flieger aus verschiedenen Papieren zu falzen und untersuche, was das mit seinen Flugeigenschaften macht. Wenn du selbst Papierflieger konstruierst, solltest du darauf achten, dass die Tragflächen groß sind und der Schwerpunkt eher vorn liegt. Jeder Falz macht den Flieger an genau dieser Stelle schwerer. ///

>>

Spannweite: 14 cm

Superkräfte: im Dunkeln unsichtbar

Spezialität: fliegt Loopings

NIGHTHAWK

5

Knicke nun die Ecken, die sich durch die Falzung ergeben, zur Mitte hin auf beiden Seiten ein, sodass dein Papier einen Pfeil ergibt.

6

Den Pfeil falzt du der Länge nach mittig.

7

Die Seitenteile klappst du nun beidseitig herunter, sodass sich Tragflächen ergeben. Der Flugzeugrumpf sollte etwa drei Zentimeter hoch sein.

8

Beide Tragflächen falzt du an den Außenkanten jeweils in 2 cm Höhe zur Mitte hin.

9

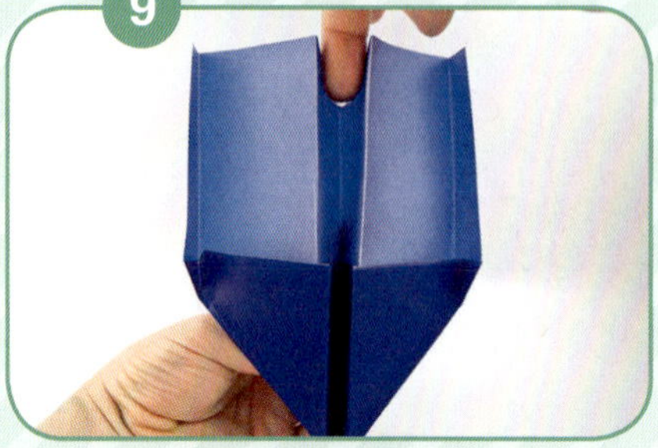

Am Rumpf knickst du die gefalzte Mitte hinten noch ein – das sieht nämlich total cool aus.

10

Höhenruderfeinjustierung: Am hinteren Teil der Tragflächen schneidest du jeweils zweimal 0,8 cm tief ein. Je nachdem ob du die Teile nun hochklappst oder gerade lässt, kann dein Flieger jetzt coole Loopings fliegen.

11

Verziere deinen Flieger mit Sternen und Kreisen. Am Bug klebt ein großer roter Kreisklebepunkt. Die Sterne sind aus nachtleuchtendem Papier ausgestanzt und auf Klebepunkte geklebt. Special: Die Sterne leuchten im Dunkeln aber dein Flugzeug selbst sieht man im Dunkeln nicht, sodass der Eindruck entsteht, es flögen Sterne durch die Nacht.

ÜBER DEN WOLKEN...

// Heißluftballon-Lampion //

Bauteile
- ★ Nylonlampion mit LED-Licht, ø 25 cm
- ★ Seegraskörbchen, ø 8 cm
- ★ Ducttape in Gelb, 30 cm lang, 1, 8 cm breit
- ★ Acrylfarbe in Blau und Rot
- ★ Glitterliner in Gold
- ★ Bastelfilzrest in Türkis, Rest
- ★ 8 Breads in Rot, ø 7 mm
- ★ Papierkordel in Schilfgrün, 3 m lang
- ★ Batterien

Werkzeuge
- ★ Schere
- ★ Stift

Vorlage
Seite 118

1

Schneide die Papierkordel zu: Du brauchst einen Strang von 80 cm und vier Stränge von 55 cm Länge. Den langen Strang knotest du zu einem Kreis zusammen. Die kurzen Stränge verknotest du alle miteinander und legst sie dann auf den Kreis. Bei 90°, 180°, 270° und bei 360°, knotest du die Stränge mit einem Abstand von 22 cm zum Mittelpunktknoten an.

2 Nun malst du mit der blauen Farbe vier Achtel des Lampions an. Dabei kannst du von oben draufschauen und dir ein Torte vorstellen, die in acht gleiche Teile geteilt ist.

3 Ist die blaue Farbe trocken, malst du die vier verbliebenen Segmente rot an. Trocknen lassen.

4

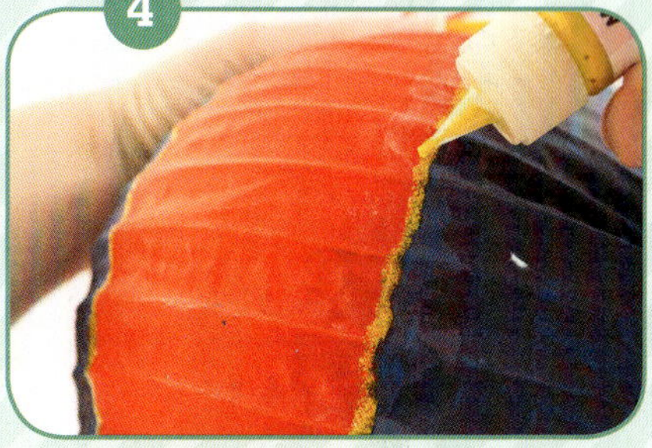

Die Kanten, an denen Rot an Blau stößt, verzierst du mit dem goldenen Glitterliner. Trocknen lassen.

Modellgröße: 40 cm × 35 cm

Besonderheit: leuchtet

Stolz: 100 Punkte

>>

5 Die Einfassung des Lampions oben und unten umklebst du mit dem gelben Ducttape.

Stülpe dein grünes Schnurnetz mittig über den Lampion, sodass die offenen Strangenden herunterhängen. Nun knotest du den kleinen Seegraskorb an die Stränge – wieder bei 90°, 180°, 270° und bei 360°. Das ist ganz einfach, weil du dir die Webschichten vom Seegras ein bisschen auseinanderziehen kannst, um die Stränge hindurch zu fädeln.

7 Zuletzt schneidest du entsprechend der Vorlage aus Bastelfilz die kleinen Säckchen aus und machst jeweils einen Schlitz in die Mitte. Führe jeweils einen Bread durch den Schlitz und befestige die kleinen Säckchen am Seegraskorb über den Papierkordelknoten.

8 Nun verknotest du die Papierkordelenden, indem du sie reihum zum Knoten rechts daneben führst und erneut verknotest. Das sieht schon aus wie bei einem richtigen Heißluftballon.

TIPP

/// Du kannst den Heißluftballon-Lampion auch zu einer Martinslaterne umbauen. ///

Zwischen die Säckchen klemmst du noch je einen Bread als Zier.

Nun machst du Batterien in den Ballon und schaltest ihn an. Fertig ist der perfekte Lampion für ein Fliegerfest mit deiner ganzen Crew. Der Heißluftballon ist aber auch als Nachtlicht cool: So kannst du die schönsten Fliegerträume träumen.

TIPP

/// Mit einer großen Reispapierkugellampe ist dieses Modell als Zimmerlicht realisierbar. Hier musst du beim Bemalen aber aufpassen, weil das Reispapier sehr schnell reißt, wenn es mit nasser Farbe in Kontakt kommt. Auch die schönen Reispapierhimmelslaternen aus Asien könnten verziert einen hübschen Heißluftballon ergeben, der sogar richtig fliegen kann. Achtung: Du solltest beim Landratsamt fragen, ob du diesen Heißluftballon fliegen lassen darfst. ///

3-2-1 – LOS GEHT'S!

// Spektakuläre Serviettenrakete //

1 Trenne die einzelnen Serviettenschichten voneinander. Das erfordert ein wenig Geduld. Nimm dir eine unbedruckte, ganz dünne weiße Schicht und schneide sie auf 15 cm x 11 cm zu.

2

Falte dieses Stückchen Serviette einmal längs in der Mitte nach oben.

Bauteile

★ Serviette

Werkzeuge

★ Schere
★ Stabfeuerzeug
★ feuerfeste Unterlage
★ **Ein erwachsener Helfer im Tower**

3

Falte nun die oberen offenen Längsseiten ½ Zentimeter zu dir hin. Wiederhole diesen Vorgang, sodass die Längsseiten der entstandenen Röhre verschlossen ist.

4

Forme nun mit den Fingern die Serviette zu einer Röhre aus und stelle sie auf eine feuerfeste Unterlage. Steht ein Erwachsener im Tower bereit?

5

Zünde die Triebwerke, indem du die Rakete oben anzündest. Die Serviette brennt bis unten ab – zähle den Countdown laut mit! Der Start ist spektakulär – sie zischt in den Himmel!

6

Die Aschereste, die herunterschweben, sind nicht mehr heiß, du brauchst dich also nicht zu fürchten. (Durch das Abbrennen wird warme Luft in der Serviettenröhre erzeugt. Da die warme Luft in der Röhre leichter ist als die kalte Luft, die die Röhre umgibt, steigt die Serviettenrakete nach oben.)

WISSEN

/// Kennst du die DLR? Die Deutsche Luft- und Raumfahrtgesellschaft hat überall in Deutschland Forschungsstationen. Dort optimieren Ingenieure beispielsweise Raketentriebwerke. Geh doch mal bei einem Tag der offenen Tür vorbei und schau dir alles an! ///

MAJOR TOM

Rumpflänge: 10 cm

Leuchtdauer: 25 Sekunden

Begeisterungsgrad: 10++

CAMOUFLAGE

// Pfeilschneller Undercover-Tarnkappenbomber //

Rumpflänge: 31 cm

Höhe: ca. 4 cm

Besonderheit: pfeilschnell

Bauteile

- ★ Motivpapier „Camouflage“ in Schwarz-Weiß-Grau, 21 cm x 30 cm

Werkzeuge

- ★ Falzbein

WISSEN

/// Die Concorde, die seit 2003 nicht mehr fliegt, war das einzige zivile Überschallflugzeug. Militärische Flug- und Fahrzeuge schaffen bis zu Mach 6, also die sechsfache Schallgeschwindigkeit. Wenn so ein Superflieger über uns hinwegdonnert, kann es manchmal laut knallen. Dieser Überschallknall entsteht, wenn das Flugzeug schneller fliegt als der Schall und so die Schallmauer durchbricht. ///

1

Blitzschnell, wendig – und in der Dämmerung unsichtbar! Das ist das Modell „Camouflage“. Je leichter das Papier ist, das du verwendest, desto weiter fliegt dein Papierflieger. Lege das Papier mit der Motivseite nach unten vor dich hin. Falte das Papier nun der Länge nach zur Mitte und öffne die Faltung wieder.

2

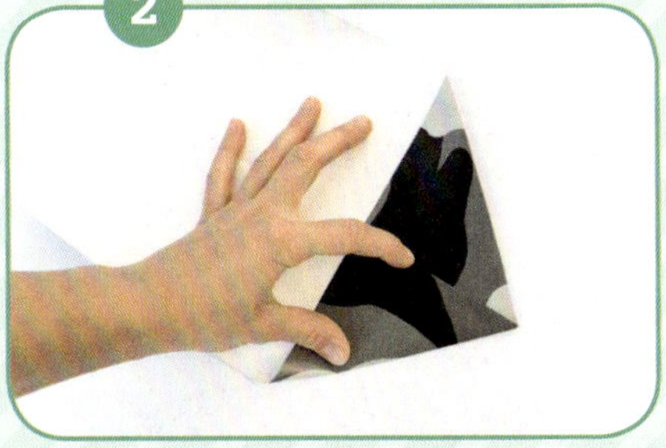

Nun faltest du die beiden unteren Ecken zur Mitte, sodass die Papierkanten parallel dazu liegen und drücke sie flach. Benutze dazu ein Falzbein. Falte dann die schrägen Außenkanten zur Mitte.

3

Wiederhole den Vorgang.

4 Drehe die Faltung danach um.

5

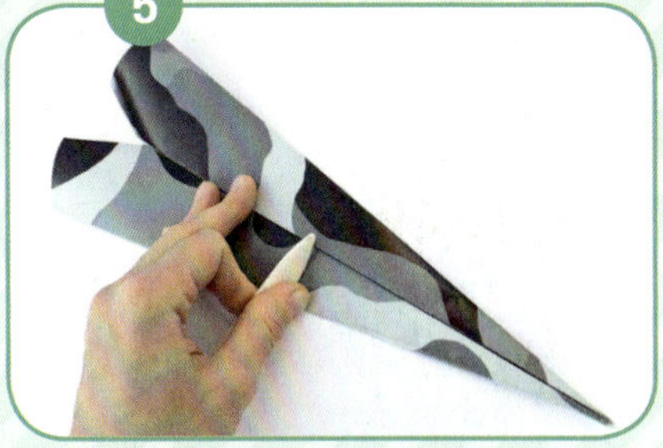

Klappe das Flugzeug entlang der Mittellinie deckungsgleich zusammen.

6

Öffne nun die Faltung und stell die Tragflächen auf. Startklar! Der Camouflageeffekt sorgt für zusätzlichen Undercover-Spaß: Ganz kleine Miniflieger kann man in geheimer Mission auch mal unbemerkt zum Banknachbarn (oder über mehrere Bänke) sausen lassen.

MR. ADRENALINI

// Geheimagent mit Nachtsprung-Lizenz //

1 Modelliere einen Fallschirmspringer aus nachtleuchtendem Fimo®. Herr Adrenalini, ein ursprünglich aus einer Artistenfamilie stammender Geheimagent ist 10 cm hoch: Knete einen Körper, eine Kugel und vier schmale Rollen als Arme und Beine. Drück die Teile fest zusammen.

2

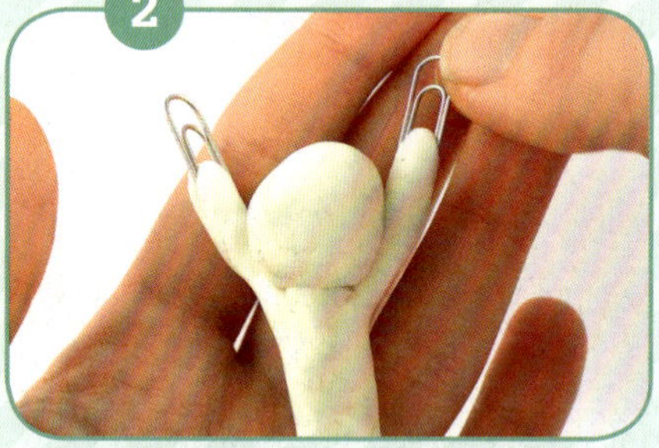

In die Arme schiebst du Büroklammern und drückst sie fest. Backen: Achte darauf, die Herstellerangaben genau einzuhalten, weil das Männchen sonst „bräunt" und seine Nachtleuchtkraft verliert!

3

Mit einem schwarzen Stift malst du Herrn Adrenalini nun eine geheimnisvolle Maske auf.

4

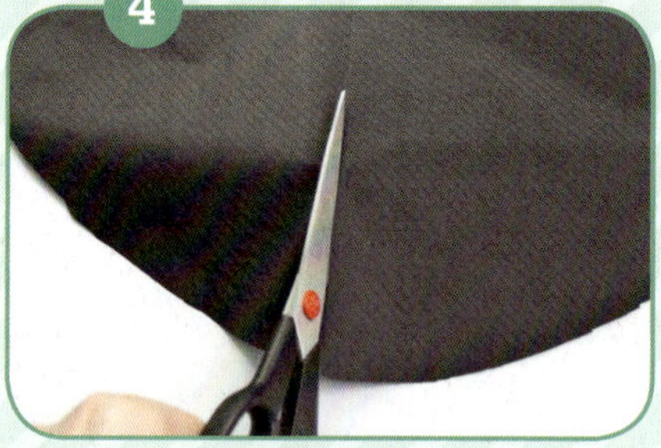

Schneide den Fallschirm aus dem Spinnaker-Nylon aus. An den Ecken schneidest du je einen 7 cm langen Schlitz und rechts und links davon je ein kleines Loch.

5

Durch das linke Loch fädelst du jeweils eine Öse und legst das rechte Loch darüber.

6

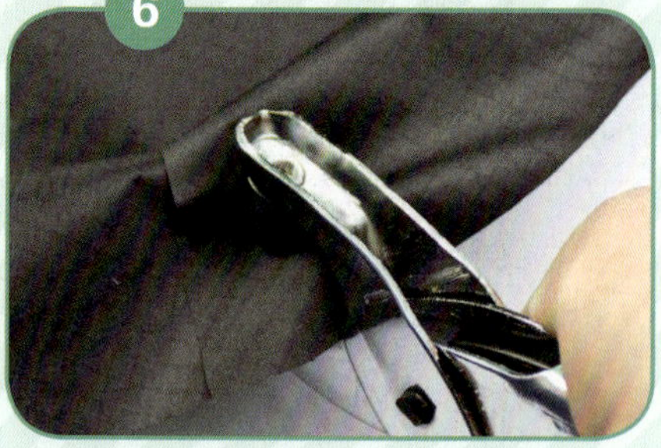

Befestige die beiden Löcher miteinander mit einer Öse. Das machst du reihum, damit sich dein Fallschirm ein bisschen nach oben wölbt.

7

An die Ösen knotest du nun je einen Faden. Knote jeweils zwei Fäden an die Büroklammern des Männchens. Fertig!

Bauteile

- ★ Spinnaker-Nylon in Schwarz, 50 cm x 50 cm
- ★ 4 Ösen, ø 0,6 cm
- ★ ½ Packung Fimo® in Nachtleuchtend
- ★ Permanentmarker in Schwarz
- ★ 4 Fäden in Jadegrün, 60 cm lang
- ★ 2 Büroklammern

Werkzeuge

- ★ Schere
- ★ Ösenzange
- ★ Lochzange
- ★ Backofen

Vorlage

Seite 122

Höhe: 80 cm

Fallschirmdurchmesser: 50 cm

Einsatzfeld: Spionage

PARACHUTE

WISSEN

/// Mit einem Fallschirm rettet man sich aus einem in Luftnot geratenen Flugzeug. Manche Sportler springen aber auch zum Spaß mit Wingsuits oder Fallschirmen ab. Das Militär springt sogar nachts – und das mit schwerem Gepäck und Waffen! ///

АВАР.
ШАССИ

OUTERSPACE

SPACESHUTTLE

// Von der Erde zum Mars – mit Rückenwind! //

Modellgröße: 11 cm hoch

Erde und Mars: ø 36 cm

Antriebskraft: heiße Luft

1

Bemale die Styropor®-Kugel mit einem Permanentmarker. Vergiss nicht, den Astronauten in das Raumschiff einzuzeichnen.

2 Befestige in den Fenstern und an der oberen Hälfte des Spaceshuttles acht Rundkopfklammern im Nageldesign: Fünf oben, drei auf den Fenstern.

3

Zwischen den Rundkopfklammern oben kannst du noch fünf Rundkopfklammern in Metallic-Grün befestigen.

Bauteile

- ★ Styropor®-Kugel, ø 7 cm
- ★ Permanentmarker in Schwarz
- ★ 8 Rundkopfklammern „Nagel", ø 8 mm
- ★ 5 Rundkopfklammer in Metallic-Grün, ø 4 mm
- ★ Aludraht in Silber, ø 1,5 mm, 20 cm lang
- ★ Tonkarton in Türkis, ø 36 cm
- ★ Lederpapier in Braun meliert, ø 36 cm
- ★ Karton in Natur, 72 cm x 36 cm
- ★ Buntstift in Dunkelgrün
- ★ Reliefpaste in Schwarz
- ★ Perlen-Pen in Bronze
- ★ Sprühkleber

Werkzeuge

- ★ Schere
- ★ Fön

Vorlage

Seite 123

4

Schneide dir den Aludraht mit einer Schere in fünf 4 cm lange Teile. Befestige eines oben in der Mitte des Spaceshuttles als Antenne, um Kontakt zur Bodenstation zu behalten. Die anderen vier steckst du leicht schräg nach außen stehend in den Boden, sodass dein Spaceshuttle einen guten Stand hat. Beim ersten Probeflug die Aludrähte feinjustieren.

5

Für die Erde einen Kreis aus Tonpapier (ø 36 cm) zuschneiden und mit Sprühkleber auf Karton kleben. Mit der Schere ausschneiden. Nun nach Vorlage die Kontinente auf die Erde malen.

6

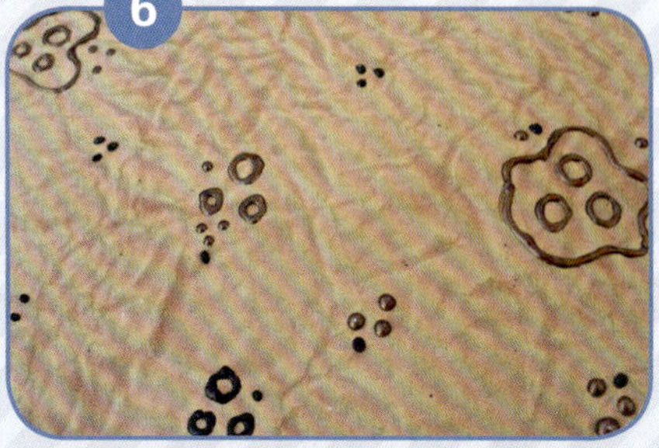

Für den Mars den Kreis aus Lederpapier ausschneiden und ebenfalls auf Karton kleben und ausschneiden. Mit Reliefpaste in Schwarz und Perlen-Pen in Bronze ein paar Krater ausmalen und gut trocknen lassen.

7 So geht der Wettflug zum roten Planeten: Baut euch zwei Shuttles, dann könnt ihr gegeneinander antreten. Stellt die Shuttles auf die Erde und schaltet eure Föns an. Nun von schräg unten mit dem Luftstrom des Föns das Shuttle anheben und versuchen, es zum Mars zu balancieren. Wer zuerst sein Shuttle ohne Absturz sicher auf dem Mars gelandet hat, hat gewonnen. Wenn ihr den Schwierigkeitsgrad erhöhen möchtet, könnt ihr Kieselsteine auf den Mars setzen, sodass die Shuttles nur an bestimmten Stellen landen können.

MAGNETO

// Fliegende Untertassen mit Magnetkraft //

1

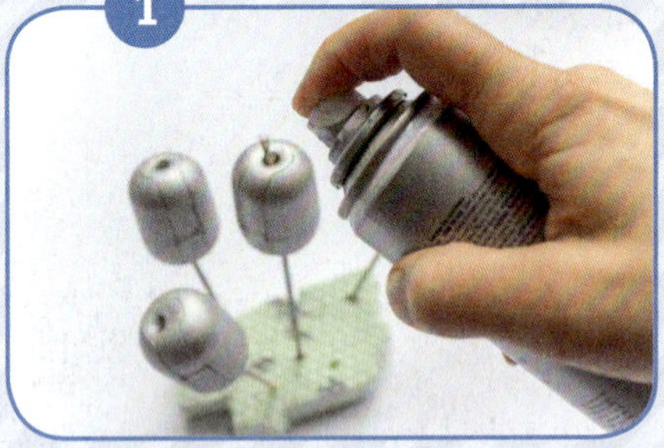

Stich in jedes gelbe Innenei mithilfe einer Schere oben ein Loch und stecke einen Schaschlikstab hindurch. Die Eier am Stiel kannst du in den Styrodur®-Block stecken und auf einer alten Zeitung mit Silberlack besprühen.

Bauteile

- ★ 4 Ü-Eier, 5 cm x 3,5 cm
- ★ Moosgummi in Mintgrün und Hautfarbe, 6 cm x 11 cm
- ★ Baumwollkordel in Grün und Dunkelgrün, ø 0,8 cm, 25 cm lang
- ★ 4 Magnete, ø 2 cm
- ★ eine Handvoll Reis
- ★ Sprühlack in Silber
- ★ Reliefpaste in Metallic Kupfer, Schwarz und Rot
- ★ UHU Sekundenkleber

Werkzeuge

- ★ Schere
- ★ Styrodur®
- ★ 4 Schaschlikspieße

Vorlage

Seite 121

2

Während der Lack trocknet, schneidest du die grünen Baumwollkordeln jeweils auf eine Länge von 25 cm zu. Knote sie an die Ü-Eier.

3

Die Eierkapseln mit Reis füllen. Fixiere die Magnete mit Sekundenkleber an der Seite ohne Strick.

4 Schneide nun jeweils zwei mintgrüne und zwei hautfarbene Moosgummikreise nach Vorlage aus. und stülpe diese über die Ü-Eier.

5

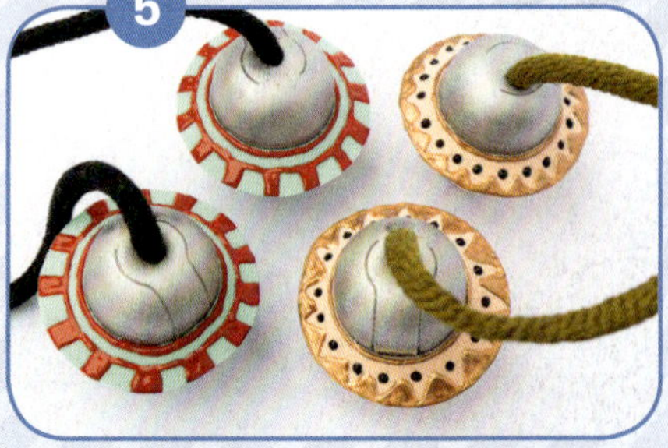

Bemale die Moosgummiteile mit Reliefpasten in Metallic Kupfer, Schwarz und Rot wie auf der Abbildung zu sehen. Die Ufos sind startbereit. Die Ufos können entweder mit der Baumwollkordel über Äste geworfen werden oder mithilfe der Magneten an metallischen Oberflächen landen. Na? – Wer erschreckt mehr Nachbarn?

UNIDENTIFIED FLYING OBJECT

Ufodurchmesser: ø 5 cm

Besonderheit: magnetisch

Spezialität: Landung kopfüber

Modellgröße: 50 cm hoch

Max. Flughöhe: 15 m

Dreckfaktor: maximal

Spaßfaktor: 100 Punkte

AERODYNAMIK PUR

DIE ZISCHT AB!

// Backpulverrakete //

1

Übertrage die Vorlage der Finnen viermal auf das Balsaholz und schneide sie mit einem Cutter vorsichtig aus. Lass dir dabei von einem Erwachsenen assistieren.

2 Anschließend sprühst du sie auf einer alten Zeitung silberfarben an und malst die Kanten blau an. Trocknen lassen, fertig ist das Leitwerk.

3

Bei einer der beiden PET-Flaschen schneidest du den unteren Teil ab. Das machst du an der Stelle, an der die Flasche vom Hals aus gesehen das erste Mal den breitesten Punkt erreicht hat.

4

Kurze Überprüfung: Die Flaschen sollten zusammensteckbar sein. Jetzt klebst du den kurzen Teil mit dem Schraubverschluss unten gegen den Boden der anderen Flasche. Dort, wo sie sich überlappen, trägst du Plastikkleber auf.

Bauteile

- ★ 2 PET-Flaschen, 1,5 l
- ★ Balsaholz, 2 mm dick, 40 cm lang, 10 cm breit
- ★ Acrylfarbe in Weiß und Blau
- ★ Glitterliner in Türkis
- ★ Sprühfarbe in Gelb
- ★ Glitzerkleber in Silber
- ★ Korken (zur Flaschenöffnung passend)
- ★ 4 Moosgummistanzteile „Stern" in Rot, ø 2,5 cm
- ★ Tonpapierrest in Blau, 240 g/m²
- ★ Isolierband in Blau, 30 cm lang
- ★ UHU Allplast
- ★ Schleifpapier, 180/240

Werkzeuge

- ★ Cutter & Unterlage
- ★ Stanze „Stern", ø 1,6 cm
- ★ 200 ml Essig
- ★ 5 Packungen Backpulver
- ★ **Ein erwachsener Helfer im Tower**

Vorlage

Seite 129

DIE ZISCHT AB!

5

Wenn der Klebstoff getrocknet ist, raust du die Flaschen an der Oberfläche mit Schleifpapier an …

6

… und sprühst sie anschließend gelb an.

7

Mit dem Klebstoff klebst du nun auch die Finnen unten an die Flasche – je eine bei 90°, 180°, 270° und 360°. Halte sie jeweils kurz fest bis der Klebstoff ein bisschen angetrocknet ist. Überprüfung: Sie sollten unten mindestens 6 cm über das Flaschenende überstehen, weil die Rakete sonst später nicht abheben kann.

8 Jetzt verzierst du die Flasche, indem du die Moosgummisterne zwischen den Finnen aufklebst. Kleine blaue Sterne stanzt du dir aus und klebst sie auf die Leitwerke.

9 Mit Isolierband umklebst du die Rakete an der Stelle, an der du vorhin die zweite Flaschenöffnung an die Flasche geklebt hast. Über das Isolierband setzt du eine Reihe Punkte mit dem Glitterliner.

10 Vorn auf die Rakete malst du mit weißer Acrylfarbe noch kreisrunde Fenster auf, deren Rand du ebenfalls mit Glitterliner nachziehst.

11 Und nun widmest du dich dem Triebwerk: Entferne den unteren Schraubverschluss und verschließe die Flasche mit einem Korken.

12 Wenn du deine Rakete starten lassen willst, füllst du fünf Packungen Backpulver ein.

13 Von nun an muss alles schnell gehen: Schütte 200 ml Essig in die Flasche und verstopfe sie **sofort** mit dem Korken. Stelle die Rakete auf ihre Finnen und bring dich in **Sicherheit**.

14 Nach 20 Sekunden haben das Backpulver und der Essig so miteinander reagiert, dass der Druck in der Flasche zu groß wird. Der Korken knallt heraus und die Rakete hebt ab.

TIPP

/// Eine schnelle Raketenvariante baust du aus einer Fotofilmdose und einem Raketenbild, das du vorn anklebst. In die Dose füllst du etwas Backpulver und wenig Essig und verschließt sie, um sie anschließend schnell auf den Deckel zu stellen und dich in Sicherheit zu bringen. Na, wie hoch fliegt das kleine Flitzgerät? ///

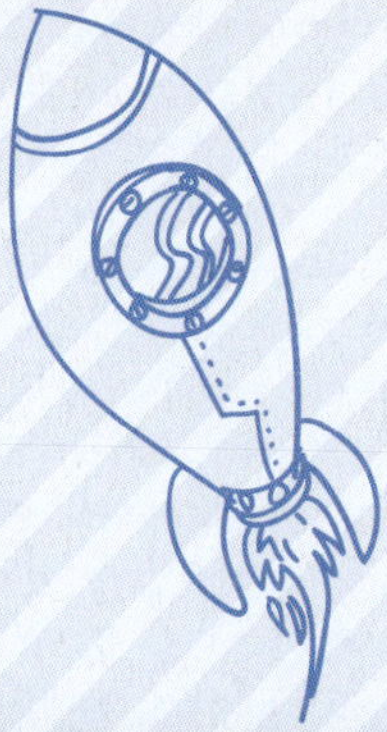

UNBEMANNTE RAUMFAHRTMISSION

WURFKRAFT-VOYAGER

// Wurfring-UFO //

Bauteile

- ★ Wurfring in Rot, ø 25 cm
- ★ 2 Joghurtbecher, 135 g
- ★ Schleifpapier 180/240
- ★ Farbspray in Silber
- ★ Papierrest in Blaumetallic, selbstklebend
- ★ 12 Breads in Rot, ø 7 mm
- ★ Goldkordel, ø 0,3 cm, 21 cm lang
- ★ 3 Fieberglasstäbe, 0, 25 cm breit, 10 cm lang
- ★ 3 Knicklichter in Gelb, 18 cm lang
- ★ 6 Knicklichtverbindungsstücke
- ★ UHU Hart (alternativ Epoxidharzkleber)

Werkzeuge

- ★ Schere
- ★ Lochzange

Vorlage

Seite 121

Modellgröße: ø 25 cm

Neidische Aliens: 8

Wurfweite: 15 m

1

Als erstes isst du die zwei Joghurtbecher leer. Dann wäschst du die Becher ab und raust ihre Oberfläche mit dem Schleifpapier an. Draußen oder auf Zeitungspapier arbeiten: Du sprühst sie mit dem silbernen Farbspray an und lässt sie trocknen.

2 Schneide entsprechend der Vorlage die Fenster aus dem blauen Papier aus. Diese klebst du nun auf einen der Becher reihum auf.

3

Anschließend machst du in gleichmäßigen Abständen winzige Schlitze in den Becher und schiebst die Breads hinein. Biege sie innen auseinander, damit sie steckenbleiben.

4

Bei 120°, bei 240° und bei 360° knipst du mit einer Lochzange ein Loch in den verzierten Becher. Klebe die Becher an den Kanten aneinander.

5 Prüfe die Fieberglasstäbe. Sie müssen exakt gleich lang sein! Durch die Löcher führst du nun die kleinen Fieberglasstäbe und klebst sie mit dem Spezialklebstoff ein. Damit das Ganze während des Trocknens in Form bleibt, kannst du die Fieberglasstäbe auf kleinen Dosen ablegen.

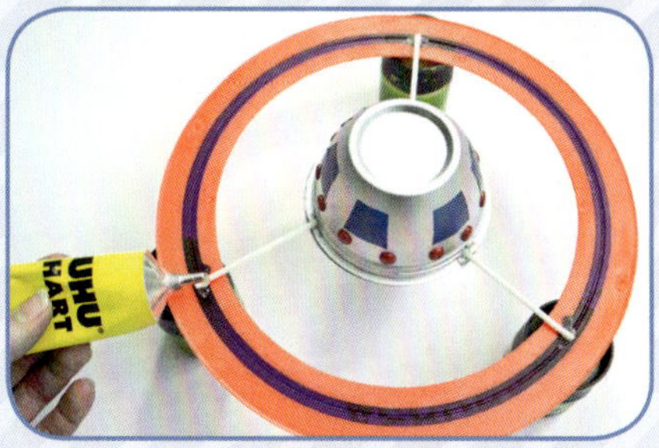

Raue den Wurfring sanft mit Schleifpapier an. Lege die Enden der Fiberglasstäbe auf den Wurfring und verklebe sie dort mit Hartkleber. Zum Trocknen kannst du den Ring wieder auf kleine Dosen auflegen bis der Klebstoff durchgetrocknet ist.

Jetzt klebst du noch die Goldkordel um die Ufokapsel und die Knicklichthalter auf den Wurfring – immer einen rechts und einen links von jedem Fieberglasstab.

Wenn du den Wurfring zum Einsatz bringst, beispielsweise für ein Nachtturnier, dann musst du nur immer frische Knicklichter knicken und einsetzen. Dein Ufo fliegt mit magischem Licht!

AUSSERIRDISCH

// Rasanter Raketen-Alien //

1

Male die PET-Flasche taubenblau an. Gut trocknen lassen und die Mitte mit Kreppklebeband abtrennen und dann sorgfältig mit Gelb übermalen.

2

Schneide die große Styropor®-Kugel in der Mitte durch. Beklebe eine Hälfte schichtweise mit Serviettenkleber und Seidenpapier in Türkis. Trocknen lassen!

3

Bohre mithilfe eines Schaschlikspießes ein Loch in den Korken und stecke das Ventil durch den Korken.

Bauteile

- ★ PET-Flasche, 0,75l
- ★ Fahrradventil
- ★ Korken, ø 2,5 cm
- ★ Karton 300 g/m², 37 cm x 26 cm
- ★ Acrylfarbe in Gelb, Taubenblau, Braun, Grau und Gold
- ★ Washitape in Rot-Weiß gestreift, 50 cm lang
- ★ Washitape in Rot gemustert, 3 m lang
- ★ Washitape in Blau-Weiß gestreift, 1 m lang
- ★ Reliefpaste in Schwarz und Metallic-Weiß
- ★ Modellierfilzrest in Rot
- ★ ¼ Rolle Alufolie
- ★ Draht in Silber, 1,8 m lang
- ★ 100 Pailletten in Pink und Violett
- ★ 200 Stecknadeln 18 mm
- ★ 3 Nägel, 5 cm lang
- ★ 3 Styropor®-Kugeln, ø 3 cm
- ★ Styropor®-Kugel, ø 9,5 cm
- ★ 2 Styropor®-Eier, 3 cm x 2,5 cm
- ★ Styropor®-Stern, ø 6,5 cm
- ★ Seidenpapier in Türkis, A4
- ★ Kreppklebeband
- ★ Serviettenkleber
- ★ UHU Hart Spezialkleber
- ★ 20 3D-Aufkleber „Stern“ in Silberglitzer, ø 2 cm–3 cm
- ★ Heißkleber

Werkzeuge

- ★ 200 ml Wasser
- ★ Fußluftpumpe
- ★ Pinsel
- ★ Schaschlikspieß
- ★ Cutter & Unterlage
- ★ Stift

Vorlage

Seite 128

4

Beklebe die Flasche mit Washitape und einigen Sternaufkebern.

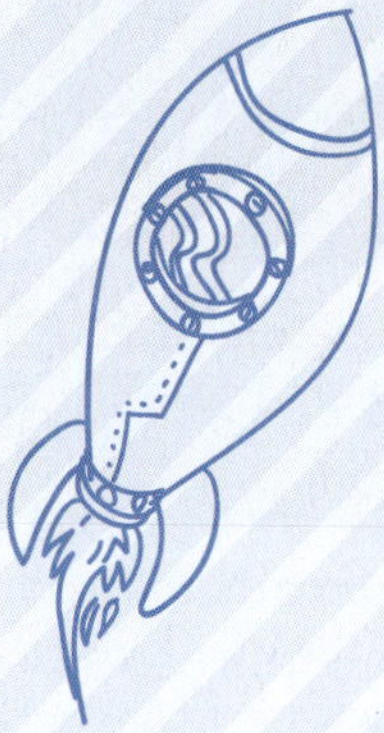

EXTRATERRESTRISCH

AUSSERIRDISCH

5

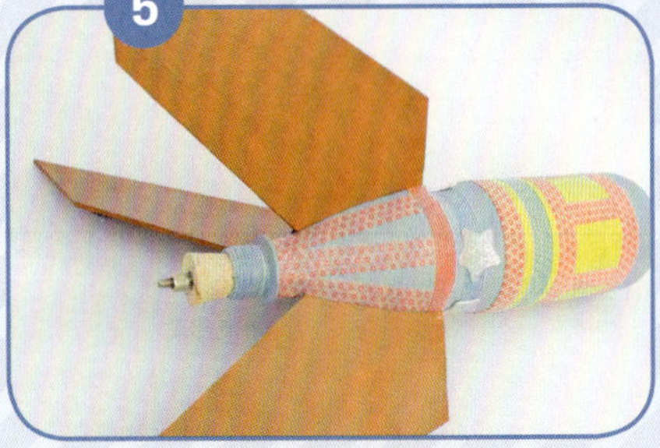

Schneide die Leitwerke deiner Rakete mithilfe eines Cutters nach Bauplan aus starkem Karton zu und bemale sie braun. Gut trocknen lassen und danach die restlichen Sternaufkleber darauf platzieren.

6

Die kleinen Styropor®-Kugeln in der Hälfte teilen und mithilfe von Stecknadeln die Pailletten darauf anbringen. Jeweils eine Halbkugel mithilfe von UHU Hart Spezialkleber auf eine Tragfläche kleben.

Modellgröße: 85 cm × 85 cm

Tüftelfaktor: 30 %

Stolz: 100 Punkte

Spezialität: fun, fun, fun!

ZZZZISCH

7

Schlitze die PET-Flasche an drei Stellen in gleicher Höhe 10 cm lang auf und stecke die Leitwerke hinein. Mit Heißkleber luftdicht versiegeln.

8 Fehlt noch der Alien. Dazu die Styropor®-Eier grau bemalen und nach dem Trocknen mit Reliefpaste in Schwarz und Weiß Pupillen aufmalen. Die Wimpern nach Vorlage aus Modellierfilz ausschneiden und mit Stecknadeln anstecken.

9 Den Styropor®-Stern golden anmalen und Augen und Stern mithilfe von Nägeln in die nun bereits getrocknete türkisfarbene Halbkugel oben mittig hineinstecken.

10

Die Alienarme stellst du her, indem du Draht mit Alufolie umwickelst und dann um einen Stift herum eindrehst. In der türkisfarbenen Halbkugel befestigen.

11

Den Alien nun mit UHU Hart Spezialkleber auf die Rakete kleben (Flaschenboden). Die Rakete zu einem Viertel mit Wasser befüllen und den Korken anbringen.

12 Raus auf die Startbahn! Nimm dir eine Fußluftpumpe, stöpsel sie an und befülle die Rakete solange mit Luft bis sie durch den entstandenen Druck in der Flasche in die Höhe schießt. Der Korken wird dabei hinausgepresst. Intergalaktisch gut!
Starte diese Rakete nur im Freien! Nicht auf Menschen oder Tiere zielen!

ARIANE 5

// Schleuderballrakete mit Kuschelfaktor //

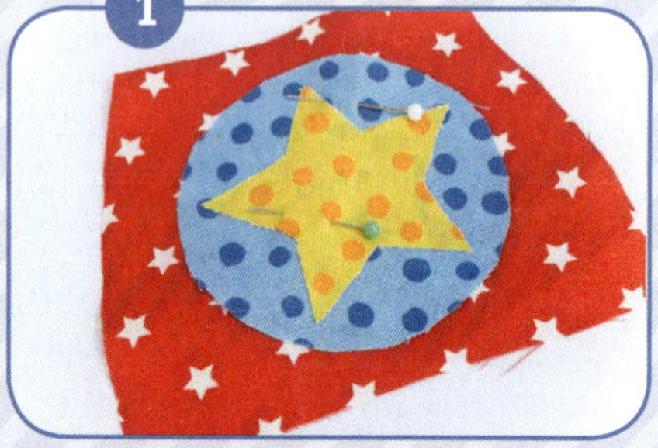

Schneide alle Teile der Rakete aus Baumwollstoff aus und lege sie vor dich hin. Stecke den gelben Stern und den blauen Kreis auf einem Element der Raketenhülle mithilfe einiger Stecknadeln fest.

Stecke die Raketenspitzenteile mit Stecknadeln am Rumpf fest und steppe die Teile mit der Nähmaschine zusammen. Wenn du noch nie eine Nähmaschine bedient hast, benötigst du einen Erwachsenen als Monteur.

Stecke nun auch den Boden der Rakete an den roten Rumpf und steppe sie fest.

Die Stützelemente kannst du mit den bunten Seiten aufeinander legen und an drei Seiten vernähen. Die Stützelemente mit Füllwatte füllen.

Bauteile

- ★ Baumwollstoff in Blau mit Punkten in Weiß, 56 cm x 25 cm
- ★ Baumwollstoff in Rot mit Sternen in Weiß, 65 cm x 30 cm
- ★ Baumwollstoffrest in Hellblau mit Punkten in Dunkelblau, 8 cm x 80 cm
- ★ Baumwollstoffrest in Gelb mit Punkten in Orange
- ★ Druckknopf, ø 15 mm
- ★ Füllwatte, 200 g

Werkzeuge

- ★ Nähmaschine
- ★ Stecknadeln
- ★ Nadel & Faden

Vorlage

Seite 127

Modellgröße: 80 cm × 40 cm

Reichweite: 15 m

Schleudermeister: Michi D.

5

Umnähe nun die Stern-Applikation mit einem Zickzackstich. Beim Zusammennähen der Rakete jeweils zwischen zwei Hüllenteilen ein Stützelement: Lege jeweils zwei Hüllenteile mit der Farbe nach innen und dazwischen ein Stützelement. Nachdem du alle vier Hüllenteile und vier Stützelemente zusammengenäht hast, krempelst du die Rakete um.

6

Befestige nach Herstellerangabe den Druckknopf am Kreis und nähe den Kreis rechts auf rechts an der Raketenhülle an. Eine Öffnung belassen. Die Rakete mit Füllwatte ausstopfen und den Kreis per Hand zunähen.

7

Schneide aus dem hellblauen Stoff ein Rechteck, 8 cm x 70 cm. Falte es in der Mitte und schlage die Seiten nach innen. Nun abermals falten und zusammensteppen. Einen Druckknopf an dem Band befestigen. An dem Band kannst du den Schleuderball weit weg schleudern. Das geht ab! Bist du müde, kannst du das Band abknöpfen und mit deiner Kuschelrakete ins Traumland fliegen.

8 Wer schleudert seine Rakete am weitesten? Du nimmst drei Finger, hältst die Schlaufe des Balls zwischen dem zweiten und dritten Fingerglied und propellerst den Arm. Hast du Höchstgeschwindigkeit erreicht, dann lässt du die Schlaufe los. Also, wer ist der Überflieger?

WISSEN

/// Die echte Ariane 5 ist eine Trägerrakete. Sie bringt also schwere Lasten in die Erdumlaufbahn. Die ESA, das ist die europäische Weltraumorganisation, hat sie 1996 entwickelt. Raketen haben normalerweise einen Rückstoßantrieb. Diesen Antrieb ersetzen wir hier durch eine Schnur, die du benutzen kannst, um die Rakete weit weg zu schleudern. ///

BEGEGNUNG DER DRITTEN ART

// LED-Aliens //

Bauteile

* ★ LED 10 mm
* ★ 3V Lithium Batterie
* ★ Magnet, 0,5 cm x 1 cm
* ★ UHU Klebefilm, 2 cm x 10 cm
* ★ Tonkartonreste in Blau, Braun und Grün
* ★ doppelseitiges Klebeband

Vorlage

Seite 118

1

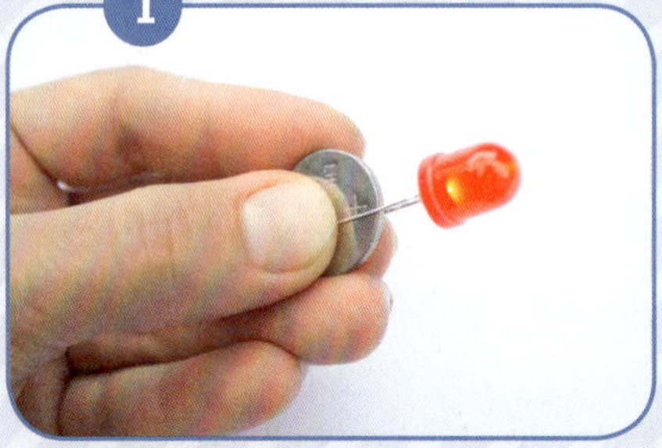

Sieh dir die LED genau an. Die LED-Lampe hat zwei Leiter: Der längere ist die Anode, die kürzere die Kathode. Bringe den langen Leiter an der großen, positiven Seite der Batterie (+) an.

2

Umklebe das Ganze mit Klebefilm.

3

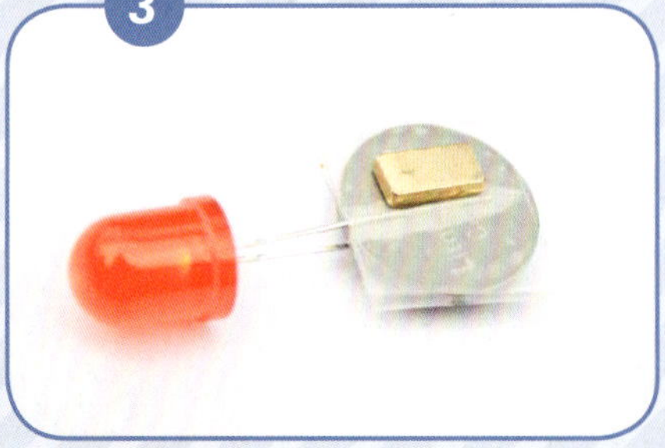

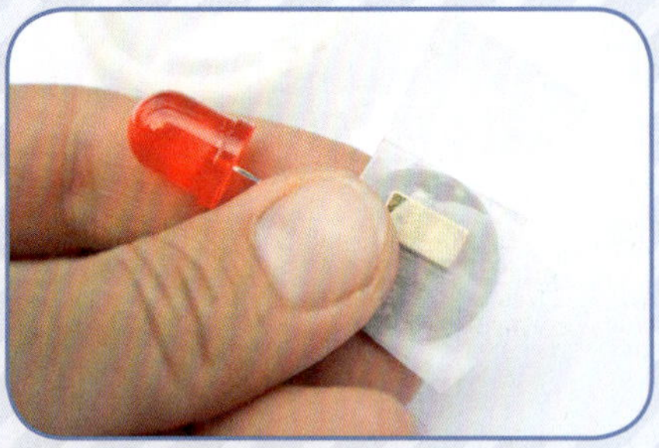

Bringe den Magneten an der positiven Seite der Batterie an und umwickle wieder alles mit Klebefilm. Fertig!

4 Zum Verzieren die Vorlage auf Tonkartonreste übertragen, ausschneiden und mit doppelseitigem Klebeband aufkleben.

5 Die LED-Aliens halten per Magnet und leuchten geheimnisvoll im Dunkel. Besonders viel Spaß macht es den Aliens, hohe metallische Bauwerke wie Brücken zu erobern. Je höher sie hängen, desto geringer ist die Chance, dass sie jemand entfernt. Sei frech und bringe die Aliens überall im öffentlichen Raum an!

TIPP

/// Je größer die Batterie, desto länger leuchtet der Alien. Je stärker der Magnet, desto einfacher ist es, sie zu platzieren. Wenn du eine wetterfeste Variante mache möchtest, tauchst du den LED-Alien in Epoxidharz oder Silikon. Die Außerirdischen sind überall! Mach sie an die Speichen deines Fahrrades oder spiele mit ihnen Wikingerschach mitten in der Nacht. ///

CE-3

Modellgröße: ø 5 cm

Leuchtdauer: 3–5 Tage

ENERGIJA

// Strohhalmrakete mit Luftpumpentriebwerk //

Höhe: 13 cm hoch

Flughöhe: 50 cm

Umweltverschmutzung: 0 %

Begeisterung: 100 %

Bauteile

- ★ Fahrradluftpumpe
- ★ Sprühfarbe in Gelb
- ★ Trinkhalm, ø 0,4 cm, 10 cm lang
- ★ Trinkhalm, ø 0,5 cm, 9 cm lang
- ★ Kugelschreiberhülse, ø 1 cm, 13 cm lang
- ★ Kartonrest in Grau, 300 g/m²
- ★ Acrylfarbe in Karminrot
- ★ Tonpapierrest in Gelb
- ★ Washitape in Blau-Weiß gestreift, 15 mm x 10 cm
- ★ UHU Sekundenkleber
- ★ ggf. Knete

Werkzeuge

- ★ Stanzer „Stern", ø 3 cm
- ★ Schere
- ★ Kreppklebeband

Vorlage

Seite 121

1

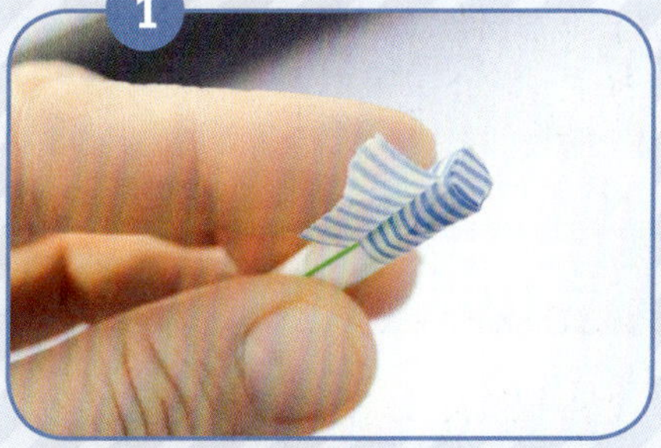

Das raffinierte am Raketenantrieb dieser Strohhalmrakete sind die Strohhalme selbst: Du benötigst zwei Strohhalme, die leicht aufeinander zu schieben sein müssen. Verklebe das obere Ende des dickeren Strohhalms mit Washitape.

2

Stecke nun den dünneren Strohhalm in die Luftpumpe, sodass nur durch den Strohhalm Luft entweichen kann (dichte rundum notfalls mit Knete ab). Stecke nun den dickeren Strohhalm auf den dünneren und mach einen Teststart, indem du mit der Luftpumpe ruckartig pumpst. Der obere Strohhalm wird vom Druck davonsausen.

3

Du kannst die Abschussrampe noch pimpen indem du den mittleren Teil der Luftpumpe mit Sprühfarbe in Gelb besprühst (mit Kreppklebeband temporär abkleben) und mit Washitape beklebst. Stanze drei Sterne aus dem gelben Papier und klebe sie mit UHU Sekundenkleber fest.

4

Nun bekommt die Rakete ihre schicke Optik: Verstecke die Strohhalmkonstruktion in der Kugelschreiberhülse. Eventuell musst du dabei die Länge der Strohhalme anpassen.

5

Für einen stabileren Flug kannst du noch Tragflächen anbringen. Diese nach Vorlage aus Karton ausschneiden und mit Acrylfarbe bemalen. Wenn sie getrocknet sind klebst du sie mit Sekundenkleber an die Hülse der Rakete. So, der Countdown läuft: Three, two, one, zero – go!

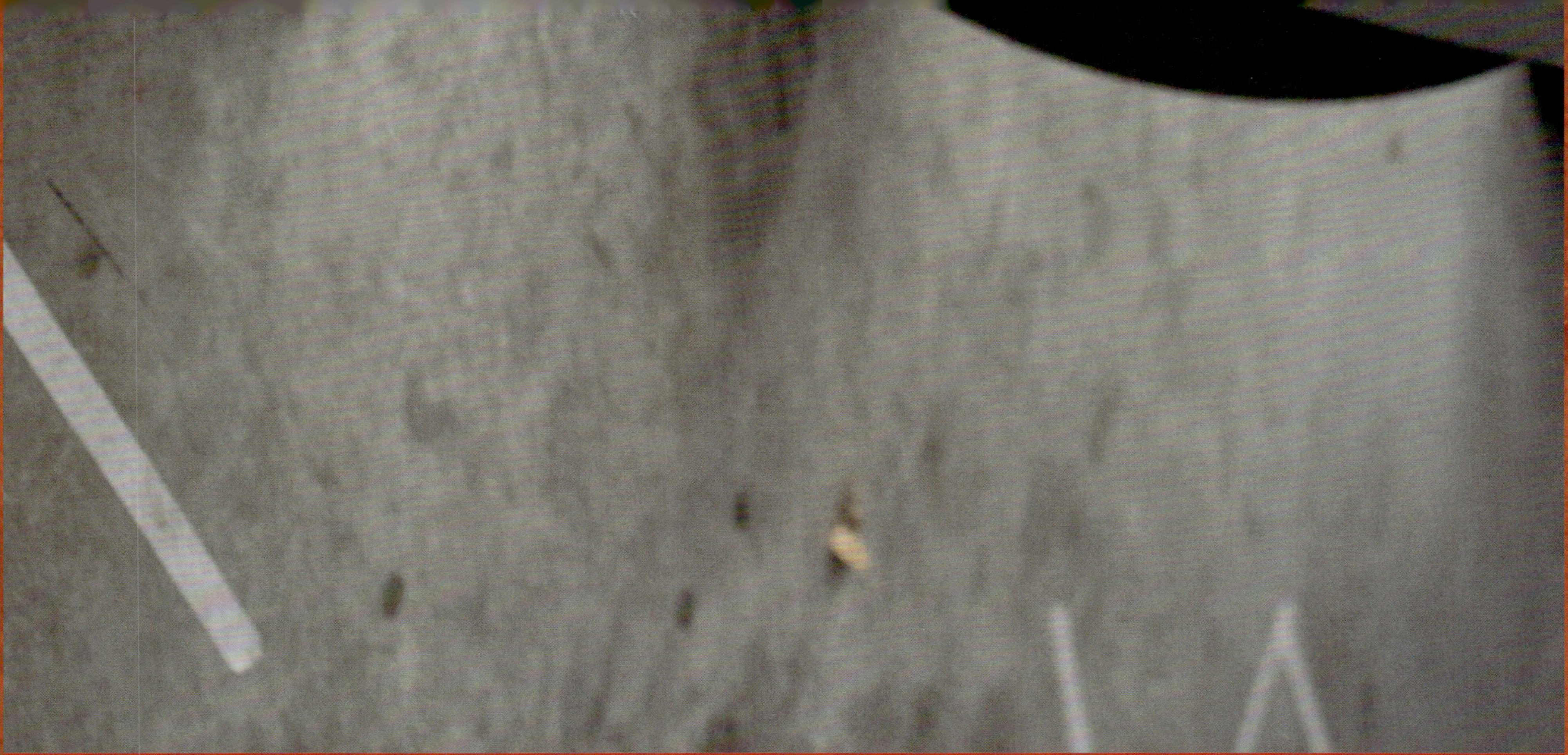

TIERISCH UNTERWEGS

ADLERSPUCKEN

// Blasrohrvogel //

1

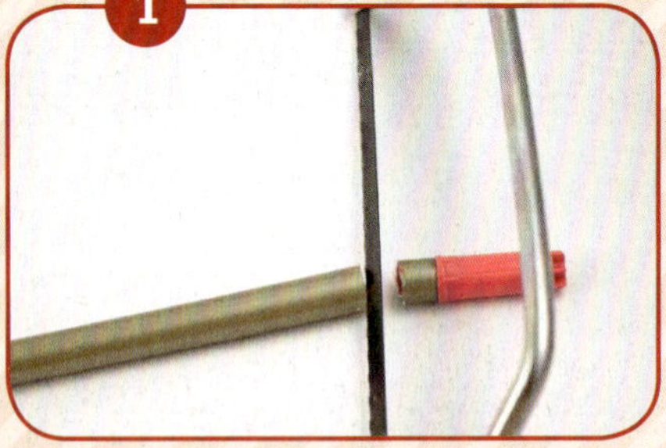

Nimm einen schmalen Filzstift – je schmaler desto besser. Du sägst nun beide Enden mit einer Handsäge ab, sodass nur noch das Röhrchen in der Mitte bleibt.

Bauteile

- ★ Filzsstift
- ★ Isolierband in Rot, 5 cm lang
- ★ Washitape in Blau-Weiß gestreift
- ★ Filzsstift in Braun, Silber und Gelb
- ★ Papier, A5
- ★ Cake-Pop-Stiel, 10 cm lang
- ★ UHU Stick

Werkzeuge

- ★ Handsäge
- ★ **Ein erwachsener Helfer im Tower**

Vorlage

Seite 118

2

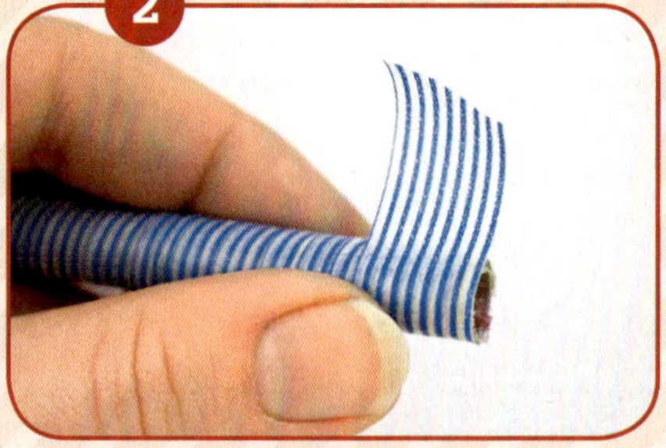

Das Röhrchen umwickelst du mit weißblauem Washitape und an einer Seite mit einem Streifen roten Isolierbands.

3

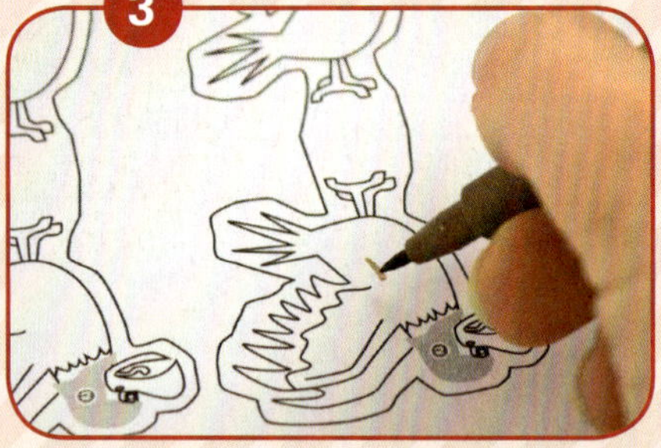

Pause die Adlervorlage ab und male sie mit den Filzstiften an. Schneide sie anschließend entlang der Konturlinie aus. Du kannst natürlich auch gleich ganz viele Adler machen – dann benötigst du aber mehrere Cake-Pop-Stiele.

4 Nimm den Cake-Pop-Stiel (alternativ geht auch ein Schaschlikspieß, den du kürzt) und probiere, ob er gut in deinen Stift hineinpasst. Je enger der Abstand zwischen Stiel und Stifthülle, umso besser fliegt der Adler später. Notfalls kannst du den Stiel mit Klebefilm oder Washitape umwickeln, damit er ein wenig dicker wird.

5

Knicke deinen Doppeladler mittig und lege das Papier an der Falz um den Stiel. Verklebe die Adler mit Klebestift deckungsgleich. Lass alles gut trocknen.

6

Dein Adlerblasrohr ist nun fertig. Halte den Stiel am Adler fest. Das andere lange Ende des Stiels führst du in die Stifthülle ein und dann pustest du ruckartig mit Schwung von der roten Seite aus hinein. It flies like an eagle!

Modellgröße: 12 cm × 5 cm

Gerettete Geburtstagsparties: 2

Gewonnene Wettkämpfe: 4

SIEHT MAL! EIN ADLER!

FIESE VIECHER!

// Hornissenarmbrust deluxe //

Bauteile

- ★ Papprolle, ø 2,5 cm, 43 cm lang
- ★ Papprolle, ø 2,5 cm, 13,5 cm lang
- ★ Hülse von Wachsmalstift, ø 1,8 cm, 9 cm lang
- ★ Vierkantstab aus Holz, 0,7 cm x 29 cm
- ★ Styropor®-Kugel, ø 1,5 cm
- ★ Tonpapierrest in Gelb
- ★ Gummiband in Gold, 1,2 cm x 42 cm
- ★ Baumwollkordel in Violett, 0,1 cm x 40 cm
- ★ Washitape in Grün-Weiß gestreift, 15 mm x 100 cm
- ★ Washitape in Blau-Weiß gestreift, 15 mm x 35 cm
- ★ Washitape in Rot-Weiß gestreift, 15 mm x 30 cm
- ★ UHU Styroporkleber

Werkzeuge

- ★ Schere

Vorlage

Seite 118

1 Stich mithilfe einer spitzen Schere ein großes Loch durch die Mitte der kurzen Papprolle. Weite das Loch, bis es einen Durchmesser von 1,8 cm hat. Stecke zur Probe die Plastikrolle hinein. Passt sie?

2 Schneide mit einer Schere oben und unten Schlitze in die Enden der Papprolle.

3 Entferne die Plastikrolle wieder aus der Papprolle und umwickele die Papprolle mit blau-weiß gestreiftem Washitape und die Plastikrolle mit Washitape in Blau-Rot. Du kannst nun die Plastikrolle wieder durch die Papprolle stecken.

4 Die lange Papprolle mit weiß-grün gestreiftem Washitape umkleben.

5 Verbinde die große und die kleine Papprolle mithilfe der Baumwollkordel, indem du diese über Kreuz um die Rollen spannst. Sehr fest ziehen und die Enden mit drei Knoten versehen!

6 Schneide das Gummiband zu und spanne es um die kleine Papprolle, sodass das lose Ende zu dir zeigt. Dort wird später der Pfeil eingespannt. Die Plastikrolle dient als Navigationshilfe für deinen Pfeil.

7 Übertrage die Vorlagenzeichnung auf gelbes Tonpapier und schneide die Hornisse sorgfältig aus. Klebe mithilfe von Styroporkleber eine kleine Styropor®-Kugel an die Spitze des Vierkantstabs, damit dein Pfeil wirklich ungefährlich ist. Klebe nun die Hornisse auf die Styropor®-Kugel und lass alles gründlich trocknen.

8 Zum Abschießen der Hornisse den Pfeil in die Armbrust einspannen und – Attacke!

Modellgröße: 43 cm × 5 cm

Verletzungsgefahr: 3 %

Spaßfaktor: 100 %

VERRÜCKTER FLUGSAURIER

// Calamity Kite //

Bauteile

- ★ Lenkdrachen, 60 cm x 120 cm
- ★ Spinnaker-Nylon in Neongrün, 30 cm x 40 cm
- ★ Spinnaker-Nylon in Orange, 15 cm x 45 cm
- ★ Permanentmarker in Schwarz
- ★ Lackmalstift in Weiß
- ★ UHU creativ für Borten und Bänder
- ★ ggf. Kohlepapier

Werkzeuge

- ★ Schere
- ★ Stift

Vorlage

Seite 120

TIPP

/// Cool sind natürlich auch ganz andere Kite-Tiere: Welche fliegenden Tiere gefallen dir besonders? Vielleicht Fledermäuse? Übrigens brauchen die meisten Lenkdrachen etwas Gewicht am Schwanz: Mache also einen langen bunten Nylonschweifstreifen, dann fliegt dein Lenkdrachen-Drachen sicherlich besonders wild. ///

1 Pimpe deinen Lenkdrachen fürs nächste Drachenfest! So wird er zum unbesiegbaren Flugsaurier: Entfalte deinen Drachen und lege ihn plan vor dich hin.

2 Schneide dir aus dem grünen Nylon die Arme, Beine und den Kopf aus. Du kannst die Vorlage auch vergrößern oder verkleinern – je nach dem wie groß dein Drachen ist.

3 Wenn du die Teile ausgeschnitten hast, dann ordnest du sie probeweise an. An den Stellen am Lenkdrachen, an denen du die Teile nun ankleben willst, streichst du den Klebstoff sorgfältig auf. Ebenso an die Kanten der anzuklebenden Teile. Lass den Kleber kurz antrocknen und drück die Teile dann fest aufeinander.

4 Male deinem Drachen nun mit wasserfestem Stift die Augen auf. Du kannst sie auch mit Kohlepapier von der Vorlagenseite abpausen.

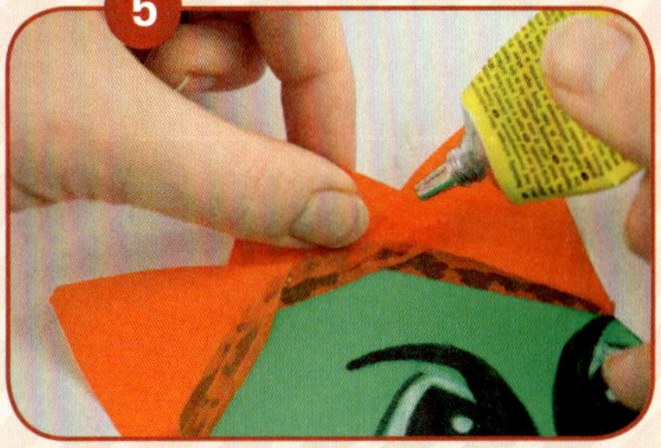

5 Schneide nun die roten Elemente aus: Verklebe auch den Schwanz und die Kopfzacken mit dem Drachen.

6 Lass alles über Nacht durchtrocknen und am nächsten Tag kannst du deinen Saurier fliegen lassen.

Modellgröße: 60 cm × 120 cm

Begeisterung: 99 %

Siegeschancen: 89,99 %

HÄNDE HOCH!

// Wespenpistole //

Bauteile

- ★ Holzleiste, 2,5 cm x 2,5 cm x 10 cm
- ★ Holzleiste, 2,5 cm x 2,5 cm x 18 cm
- ★ Schleifpapier 180/240
- ★ Holzwäscheklammer in Gelb
- ★ Acrylfarbe in Silber
- ★ 3 Schrauben, 45 mm lang
- ★ 3 Unterlegescheiben, ø 2,5 cm
- ★ 3 Muttern, ø 1 cm
- ★ Mutter, 3 cm lang, ø 1,6 cm
- ★ Holzstab 7 cm lang, ø 0,6 cm
- ★ Formgummi, ø 5 cm
- ★ Blumendraht, 15 cm lang
- ★ Permanentmarker in Schwarz
- ★ Papier, extra stark, in Gold, A4
- ★ 2 Holzperlen, ø 0,6 cm
- ★ UHU Alleskleber
- ★ UHU Hart
- ★ Stift

Werkzeuge

- ★ Spitzer
- ★ Seitenschneider
- ★ Vorbohrer
- ★ Schraubenzieher
- ★ Handsäge
- ★ **erwachsener Helfer im Tower**

Vorlage

Seite 120

1

Eventuell benötigst du im ersten Schritt einen erwachsenen Assistenten: Säge die beiden Holzteile entsprechend der Vorlage zu und runde ihre Kanten mit etwas Schleifpapier ab.

2 Anschließend fixierst du die Teile mithilfe einer Schraube aneinander. Damit das Holz nicht aufreißt, kannst du das Schraubenloch mit einem Vorbohrer bohren.

3

Male deine Wespenpistole silberfarben an. Trocknen lassen.

4

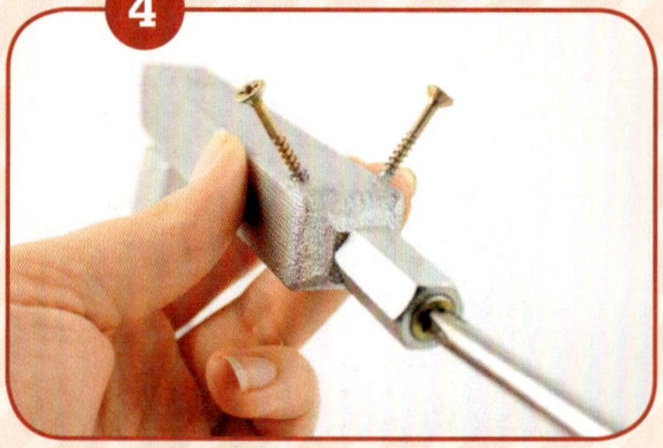

Anschließend verzierst du sie: Am Lauf schraubst du links und rechts je eine Schraube schräg ein. Eine lange Mutter und eine Schraube verzieren den Lauf vorn.

5 Jetzt nimmst du eine Klammer vorsichtig an der Feder auseinander und klebst ein Klammerteil mit dem Hartkleber oben auf den Lauf. Bevor du die Klammer wieder zusammensteckst, sollte alles gut trockenen.

6 Jetzt klebst du mit dem Hartkleber an die Seite des Pistolenlaufs noch die Muttern und die Unterlegscheiben.

7

Zeit für die Wespe: Spitze du den Holzstab mit einem Spitzer etwas an.

>>

HÄNDE HOCH!

Schneide das goldenen Papier entsprechend der Vorlagen zu und wickle das schmale Papier um die Spitze des Holzstabs und das andere mit einem kleinen Abstand dahinter. Verklebe das Papier während des Wickelns mit einigen Tropfen Alleskleber.

9 Male mit einem schwarzen Stift entlang der sich überlappenden Kanten des verklebten Goldpapierstreifens, sodass Wespenstreifen entstehen. Klebe dann die Holzperlen als Augen auf. Gut trocknen lassen.

Um die Wespentaille legst du den Draht und verdrehst die Enden zu zwei Schlingen, den Flügeln.

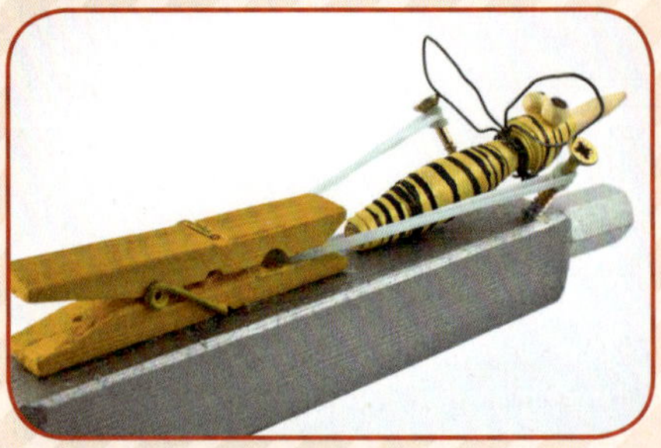

Setze die Klammer an der Pistole wieder zusammen und spanne ein Gummi zwischen den Schrauben. Setze die Wespe auf den Lauf, sodass die Flügel auf den Schraubenköpfen lehnen. **Nicht auf Menschen oder Tiere zielen!** Prima eignet sich als Zielscheibe z. B. eine Styropor®-Platte. Na, bereit für animalisches Dart?

Modellgröße: 18 cm × 12 cm

Coolnessfaktor: 98 %

Maximaler Weitschuss: 5 m

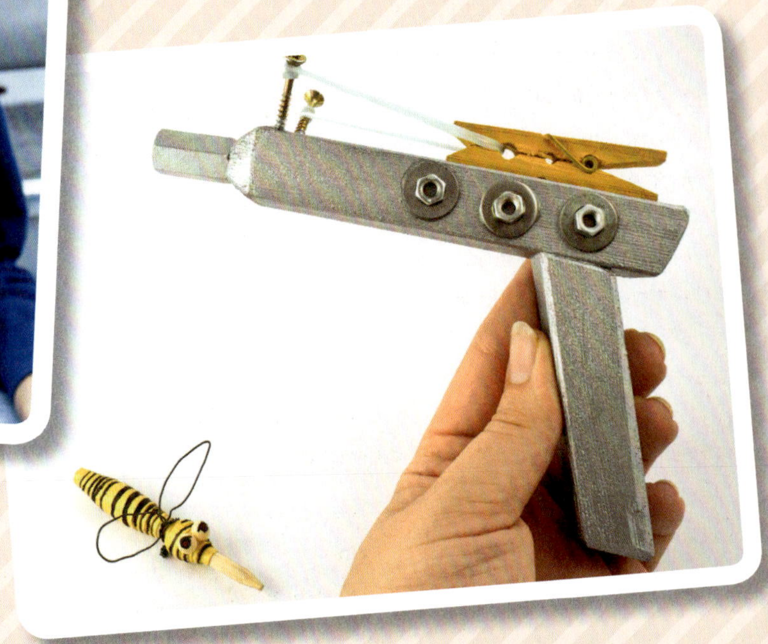

STURMEXPERTE

// Drachenwindspiel //

Bauteile

- ★ Kiefernholz, 60 cm x 40 cm x 2 cm
- ★ 2 Windradfolien in Rot, 12,5 cm x 12,5 cm
- ★ Holzstab, 18 cm lang, ø 4 mm
- ★ Ösenzange und Lochzange
- ★ 2 Ösen, ø 6 mm
- ★ 2 Holzperlen in Rot, ø 2 cm
- ★ Acrylfarbe in Rot, Weiß, Schwarz, Hell-, Gras- und Dunkelgrün
- ★ Mattlackspray in Transparent
- ★ 2 Nylongeschenkband in Gelb, 2,5 cm breit, 60 cm lang
- ★ 2 Nylongeschenkband in Rot, 2 cm breit, 30 cm lang
- ★ Nylonfaden, ø 1 mm, 120 cm lang
- ★ Klebefilm
- ★ UHU Hart
- ★ Holzleim
- ★ Schleifpapier 180/240
- ★ ggf. Kohlepapier
- ★ ggf. Buntstift in Grün

Werkzeuge

- ★ Stift
- ★ Akkubohrer, ø 3,2 mm
- ★ Laub- oder Stichsäge
- ★ Lochzange
- ★ Schraubzwingen
- ★ **erwachsener Helfer im Tower**

Vorlage

Seite 121

1 Ob Pilot oder im Tower, du solltest immer wissen, woher der Wind gerade weht. Dieser Drache ist darin Experte. Übertrage die Vorlagenzeichnung auf das Kiefernholz. Konstruktionskünstler können natürlich auch einen eigenen Drachen entwerfen.

2 Fixiere dein Holz mit Schraubzwingen an der Werkbank. Bitte einen Erwachsenen, ihn dir mit einer Stichsäge auszusägen oder säge den Drachen (aber nur wenn du darin Übung hast!) selbst entlang der Außenkante mit einer Laubsäge aus.

>>

Modellgröße: 40 cm × 60 cm

Niedlichkeit: 100 %

Zuverlässigkeit: 100 %

WINDSTÄRKE 12

STURMEXPERTE

3

Die Kanten schleifst du mit Schleifpapier rund. Male deinen Drachen in den schönsten Grüntönen an, lass ihn trocknen und sprühe ihn anschließend mit Mattlack ein, damit er outdoortauglich wird.

4

Schneide die Windradfolie zu einem Quadrat zu und schneide dann immer von den Ecken bis kurz vor den Mittelpunkt (siehe Vorlage).

5

In den Mittelpunkt stanzt du ein Loch, ebenso wie an jede zweite Zacke. Die Zacke ohne Loch rundest du etwas ab.

6

Lege die eine Öse in eines der Zackenlöcher, führe reihum jedes Loch zu der Öse und stülpe sie alle darauf. Drücke dann die Öse mithilfe einer Ösenzange zusammen. Bastle so zwei Windräder.

7

Ein Erwachsener soll dir die in der Vorlage eingezeichneten Löcher durch den Drachenleib bohren: Eines für die Windräder, eines für die Nylonaufhängung und eines für sein Feuer. Wenn du selbständig bohren möchtest, dann verwende einen Drehmel oder einen schmalen Handbohrer.

8 Durch das Loch in der Zacke fädelst du nun den Nylonfaden und verknotest die Enden, damit du den Winddrachen aufhängen kannst.

9

Durch das Loch im Rücken fädelst du nun von links nach rechts ein Windrad auf den Holzstab. Klebe eine Holzperle ans Stabende. Den Holzstab führst du durch das Rückenloch, steckst das andere Windrad auf und klebst an das Stabende wieder eine Holzperle. Lass das Ganze gut durchtrocknen.

10 Nun nimmst du die Geschenkbänder. Schneide das rote Band einmal durch, sodass nun alle Bänder 30 cm lang sind. Die Enden legst du aufeinander, rollst sie eng zusammen und fixierst das Stückchen dann mit Klebefilm. Die Geschenkbänder sehen nun an einer Seite aus wie ein Schnürsenkel. Das zusammengerollte Endstück klebst du jetzt mit Klebstoff in das Loch an der Schnauze des Drachens.

11 Hänge den Windexperten draußen auf und beobachte, wie schön sich die Windräder drehen und wie dein Drache Feuer spuckt. Na? Aus welcher Richtung kommt der Wind? Ist die Startbahn heute sicher?

CATCH ME (IF YOU CAN)!

// Schnipsbecher-Libelle //

1

Trenne mit einem Cutter den Boden eines Pappbechers heraus.

Bauteile

- ★ Pappbecher, 0,2 l
- ★ Washitape in Dunkelgrün, 25 cm lang
- ★ Luftballon in Gelb oder Orange
- ★ Perlenpen in Weiß
- ★ Permanentmarker in Schwarz
- ★ Chenilledraht in Lila oder Grün gestreift, 14 cm lang
- ★ Pompon in Lila oder in Grün gestreift, ø 2,5 cm
- ★ Ducttape in Gelb, 2 cm breit, 20 cm lang

Werkzeuge

- ★ Schere
- ★ Cutter

2

Schneide den Mundstückzipfel eines Luftballons ab. Den abgeschnittenen Teil stülpst du straff über die offene Becherunterseite. Je straffer der Ballon gespannt ist, desto mehr Spannung hat er beim Schnipsen.

3 An der oberen Becherkante verzierst du den Becher mit etwas Washitape in Dunkelgrün.

4

Lege den Chenilledraht um den Plüschpompon und verdrehe ihn kurz hinter dem Bommel. Drehe den ganzen Draht wie eine Kordel fest zusammen. Knicke die Enden um.

5

Male der Libelle mit dem Perlenpen große Augen auf. Trocknen lassen.

6

Pupillen auftupfen.

7

Schneide dir zwei 10 cm lange Streifen vom gelben Ducttape ab und klebe sie von unten und oben gegen den Libellenkörper. Drücke die beiden Streifen fest aufeinander.

Modellgröße: 12 cm

Partyfunfaktor: 75 %

Mit einer kleinen Schere optimierst du die Flügelform.

9 Lege deine Libelle in die Mitte des Bechers und ziehe am Luftballon. Wenn du loslässt, zischt die Libelle ab – kannst du sie wieder mit dem Becher einfangen? Lass sie nicht entkommen!

WISSEN

/// Libellen sind pfeilschnelle Räuber, teilweise sogar Kannibalen. Es gibt etwa 5600 Arten dieser Fluginsekten auf der Erde. Da sie ihre beiden Flügelpaare unabhängig voneinander bewegen können, können sie blitzschnell wenden, in der Luft stehen und sogar rückwärts fliegen. ///

FLUGSPORT

SCHNELLER, HÖHER, WEITER!

// Lenkdrache Marke Eigenbau //

Bauteile

- ★ 4 Dacronbänder, 12 cm lang
- ★ Polyesterschnur, 3 m lang
- ★ 3 Ösen in Messing, ø 0,6 cm
- ★ Drachenschnur mit Halterung, 30 m lang
- ★ Spinnaker-Nylon in Neongrün, 30 cm x 30 cm
- ★ 2 Spinnaker-Nylon in Orange und Blau, 30 cm x 30 cm
- ★ 2 Spinnaker-Nylonstreifen in Dunkelgrün, 4 cm x 100 cm
- ★ Fieberglasstab, 3 mm, 82 cm lang
- ★ Fieberglasstab, 3 mm, 92 cm lang
- ★ 2 Heftringe, ø 2 cm

Werkzeuge

- ★ Cutter & Unterlage
- ★ Nähmaschine (alternativ UHU creativ für flexible Materialien)
- ★ Ösenzange
- ★ **erwachsener Helfer im Tower**

Vorlage

Seite 126

1 Schneide dir Quadrate aus dem Spinnaker-Nylon mit Kantenlänge 30 cm, zu. Du benötigst eines in Orange, eines in Blau und zwei in Neongrün.

2

Wenn du einen erwachsenen Assistenten hast, könnt ihr die Teile mithilfe einer Nähmaschine aneinander nähen (die Nahtzugabe ist schon enthalten). Arbeitest du allein, kannst du die Teile auch mit Spezial-Gewebeklebstoff aneinander fixieren. Besser noch arbeitest du dann mit einem einzelnen großen Spinnaker-Nylon und tackerst die Dacronbandstücke an.

WISSEN

/// Einen Drachen steigen zu lassen, hat lange Tradition. In Indonesien und China macht man das schon seit 600 v. Chr. Manche Drachen haben mehr als eine Schnur – und lassen sich so in komplizierten Formen steuern. Kannst du einen Looping fliegen? Und auch wieder zurück, sodass deine Schnüre nicht verheddert sind? ///

3

Knipse an den in der Vorlagenzeichnung markierten Stellen Ösen ein.

4

Das Dacronband nähst du an den Seiten entlang fest – oben und unten steht das Band senkrecht. Links und rechts nähst du es mit der Flucht der Drachenkanten an.

>>

Modellgröße: 85 cm × 85 cm

Tüftelfaktor: 30 %

Stolz: 100 Punkte

Spezialität: fun, fun, fun!

DRACHE DES WESTWINDS

SCHNELLER, HÖHER, WEITER!

5

Wende den Drachen. Den kürzeren Fiberglasstab bringst du oben und unten senkrecht in die Dacronbandlaschen ein. Den längeren Stab spannst du quer in die Seitenlaschen ein.

6

Knote unten mittig die langen Nylonstreifen an den Fieberglasstab. Das ist der Drachenschweif.

7 Wende den Drachen erneut. Nun nimmst du dir den Polyesterfaden: Markiere mit etwas Washitape die Mitte und die Viertel (die Mitte der Hälfte) der Schnur.

8

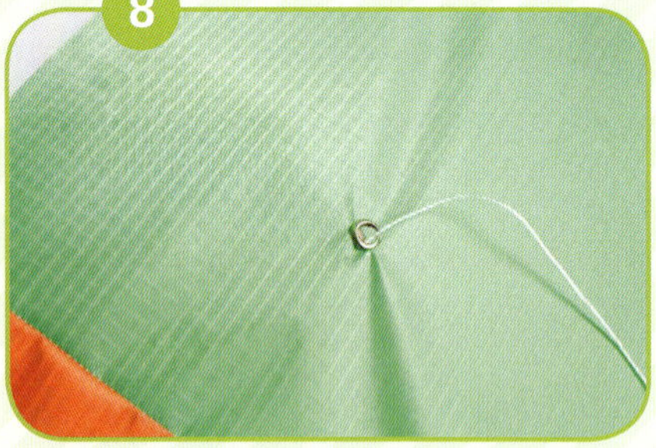

Fädle die Hälftenmarkierung durch die untere Öse. Washitape entfernen. Knote die Schnurmitte am dahinter liegenden Stab fest.

9 Die beiden Fadenenden führst du nun je oben links und rechts durch die Ösen und verknotest sie gut mit dem Fieberglasstab dahinter.

10

Knote die beiden Heftringe an die beiden Viertelmarkierungen. Washitape entfernen. Wer kann, macht eine Prusikschlinge. Wenn du jetzt die Heftringe in die Hand nimmst und den Faden damit straffst, sollten beide Ringe gleich weit vom Drachen entfernt sein. Das nennt man „die Waage".

11

An die Heftringe bringst du nun ebenfalls mit einem Knoten je eine Drachenschnur mit Halterung an. Dein Lenkdrachen ist nun fertig und bereit zum Flug.

TIPP

/// Sollte der Drachen nicht fliegen, kannst du die Waage-Punkte seitengleich entlang der Schnur nach oben oder nach unten versetzen. Ist es bei dir stürmisch und der Drachen knickt? Dann solltest du stärkere Fieberglasstäbe verwenden und die Außenkanten des Drachens eventuell einmal umknicken und einen kompletten Tunnel kleben, in den du rundherum zusätzlich eine Polyesterschnur einziehst, die du straff verknotest. ///

KOMM ZURÜCK!

// Nachtleuchtender Bumerang //

Bauteile

- ★ Bumerang, ø 30 cm
- ★ Reliefpaste in Metallic-Weiß, Rot und Blau
- ★ Seidenpapier in Mintgrün, Dunkelblau und Gold
- ★ Gummiband in Weiß, ø 1 mm, 40 cm lang
- ★ 4 Knicklichter, 10 cm lang
- ★ Serviettenkleber

Variante

- ★ Bumerang, 44 cm lang
- ★ Reliefpaste in Metallic-Kupfer und Schwarz
- ★ Seidenpapier in Gold
- ★ Gummiband in Weiß, ø 1 mm, 40 cm lang
- ★ 4 Knicklichter, 20 cm lang
- ★ Serviettenkleber

Werkzeuge

- ★ Pinsel
- ★ Akkuschrauber und -bohrer, ø 2 mm
- ★ **erwachsener Helfer im Tower**

1

Das Seidenpapier in kleine Stücke reißen. Den Bumerang mithilfe eines Pinsels mit dem Seidenpapier bekleben. Benutze dazu Serviettenkleber und arbeite Stück für Stück. Jeweils die gegenüberliegenden Arme in der gleichen Farbe und die Mitte in Gold bekleben. Gut trocknen lassen.

2 Lege dir je ein Knicklicht auf je einen Arm des Bumerangs. Lass dir von einem erwachsenen Assistenten jeweils am oberen und unteren Ende jedes Knicklichts zwei Löcher durch den Bumerang bohren.

>>

Modellgröße: ø 30 cm oder 44 cm lang

Besonderheit: kommt zurück!

Wer hat's erfunden? Die Aborigines!

KOMM ZURÜCK!

Fädle das Gummiband durch die Löcher und verknoten sie von hinten so fest, dass das Knicklicht an der Oberseite des Bumerangs gerade so eingespannt werden kann. Befestige auf diese Weise alle Knicklichter.

Verziere den Bumerang mit kleinen Reliefpaste-Punkten und lass alles gut trocknen.

Willst du den Bumerang im Dunkeln werfen, nimmst du kurz die Knicklichter heraus und knickst sie, sodass sie anfangen zu leuchten. Durch die Gummibandkonstruktion kannst du immer neue Knicklichter nachladen, wenn die alten verbraucht sind. Na, wie sieht dein Bumerang aus?

VARIANTE

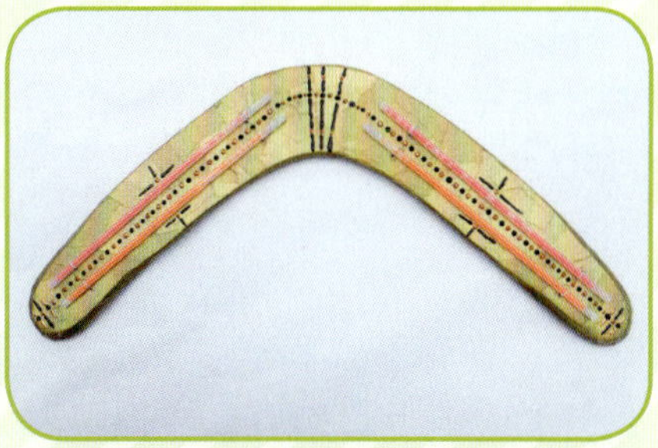

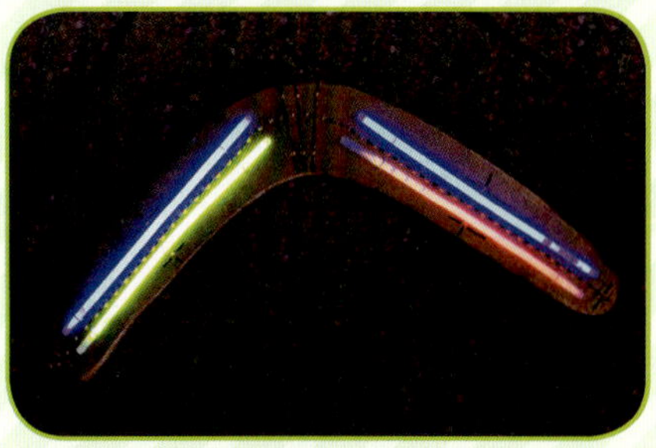

Gestalte deinen Bumerang in deinen Lieblingsfarben. Es gibt die Wurfwaffe in ganz verschiedenen Formen.

TIPP

/// Wie wirft man eigentlich einen Bumerang? Halte den Bumerang so, dass die gewölbte Seite zu dir zeigt. Drehe ihn fast senkrecht. Versuche, die Windrichtung zu bestimmen (Nassfingerprobe). Rechtshänder drehen sich um 45 Grad nach rechts zur Windrichtung. Linkshänder drehen sich um 45 Grad nach links zur Windrichtung. Aus dieser Bewegung zielst du auf einen Punkt oberhalb der Horizontlinie. Wirf mit einer kräftigen Drehung des Handgelenks. Nur Geduld, es klappt nicht immer beim ersten Mal! Kehrt der Bumerang zurück, fängst du ihn mit beiden Händen. ///

ZACK, DURCH DEN FEUERREIFEN!

// Katapult und Flammenloop //

1

Klebe den Löffel mithilfe von Zweikomponentenkleber auf den Klammerentferner.

2 Den Löffel mit Reliefpaste in Schwarz und Metallic-Pen in Blau bemalen. Gut trocknen lassen.

3 Den letzten Schliff erhält dein Katapult, wenn du vier nachtleuchtende Sterne darauf klebst.

4 Die Munition erstellst du, indem du kleine Styropor®-Kugeln mit Acrylfarbe anmalst und dann trocknen lässt.

5 Für das Ziel die Vorlage auf Fotokarton übertragen, mit einer kleinen Schere ausschneiden und mit Reliefpaste bemalen. Gut trocknen lassen! Profis fertigen sich mehrere unterschiedlich große Zielscheiben an.

6 Nun den Vierkantstab an den Warenhaken befestigen. Auf der Rückseite der Zielvorlage den Haken jeweils mit UHU Hart ankleben. Trocknen lassen.

7 Das Ziel in die Modelliermasse stecken. Die Munition auf den Katapultlöffel legen – und ab geht's!

Bauteile

★ Entklammerer
★ Teelöffel, 13 cm lang
★ Reliefpaste in Schwarz
★ Metallic-Pen in Blau
★ 4 nachtleuchtende Sterne in Gelb, ø 0,4 cm
★ UHU Zweikomponentenkleber
★ 2 Vierkantstäbe, 1 cm x 15 cm
★ 2 Warenhaken, ø 8 cm
★ Fotokartonrest in Rot
★ Reliefpaste in Metallic-Weiß und Metallic-Silber
★ Handvoll Modelliermasse in Weiß
★ UHU Hart
★ 5 Styropor®-Kugeln, ø 2 cm
★ 2 Styropor®-Kugeln, ø 1,5 cm
★ Acrylfarbe in Türkis und Maigrün (alternativ nachtleuchtende Farbe)

Werkzeuge

★ Stecknadeln
★ kleine Schere

Vorlage

Seite 126

Modellgröße: 15 cm

Rekord: 7 Treffer pro Minute

Spaßfaktor: Yieha!

HEPP! SCHEPPER! BOINK!

AIRBORNE

// Peteca für Jedermann //

Bauteile

- ★ Baumwollstoff in Hellgrün mit Streifen in Grün, ø 30 cm
- ★ Baumwollstoff in Hellblau mit Streifen in Blau, ø 30 cm
- ★ Paketband, ø 3 mm, 20 cm lang
- ★ Kork, 4 cm x 2 cm
- ★ Reis, 100 g
- ★ 14 bunte Federn, 15 cm x 2,5 cm
- ★ Frischhaltefolie, A4
- ★ Modelliermasserest

Werkzeuge

- ★ Nähmaschine
- ★ Stecknadeln
- ★ Nadeln und Faden
- ★ Messer
- ★ **erwachsener Helfer im Tower**

1

Um den gefiederten Ball herzustellen, schneidest du zwei gleichgroße Kreise aus dem Baumwollstoff.

2

Die beiden Kreise mit der Farbe nach innen aufeinander stecken und mit der Nähmaschine aneinander steppen. Eine kleine Versturzöffnung zum Wenden belassen. Wenn du noch nie eine Nähmaschine benutzt hast, bleibst du als leitender Ingenieur im Hintergrund und beauftragst einen erwachsenen Mechaniker damit.

3 Wende den Stoff und nähe von Hand die kleine Öffnung zu.

4 Fülle den Reis in die Frischhaltefolie und rolle sie zu einem Ball zusammen. Gut mit Frischhaltefolie umwickeln!

5

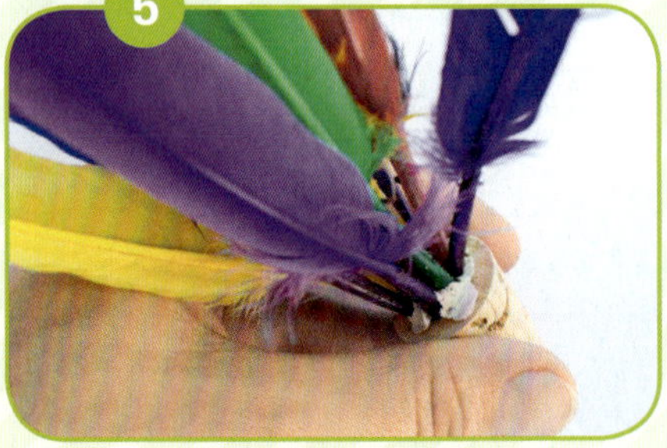

Höhle einen Korken aus und fülle ihn mit Modelliermasse. Stecke nun die Federn hinein.

6

Lege den Reisball und den Korken auf den Stoffkreis. Schlage den Stoff nach oben und binde das Säckchen straff mit Paketband zu. So, lass den Klatschsack fliegen!

KLATSCHSACKI

Modellgröße: 10 cm x 20 cm

Flughöhe: 3 m

Maximalschub: richtig viel Wumms!

WISSEN

/// Peteca (besser bekannt als Indiaca®) ist ein Mannschaftsspiel aus Südamerika. Man klatschst den Ball mit der flachen Hand über ein zwischen den Spielern befindliches Netz – ähnlich wie beim Volleyball. ///

WILLIS WURFSTERN

// Ninja-Spiel //

Bauteile

- ★ Transparentpapier, A4
- ★ Karton, 0,4 cm x 20 cm x 8,6 cm
- ★ Acrylfarbe in Schwarz
- ★ Reliefpaste in Glittersilber
- ★ Sprühlack farblos

Werkzeuge

- ★ Cutter & Unterlage
- ★ Schere
- ★ Stift
- ★ Kreppklebeband
- ★ Pinsel

Vorlage

Seite 123

1 Pause die Vorlage für den Wurfstern auf Transparentpapier ab und schneide sie mit einer kleinen Schere aus.

2

Mithilfe von Kreppklebeband die Vorlage temporär auf dem Karton fixieren und mithilfe eines Stiftes auf den Karton übertragen.

3 Den Wurfstern mit dem Cutter ausschneiden. (Variante: Du kannst den Wurfstern auch aus schwarzem Fimo® machen und diese im Ofen härten, falls du im Umgang mit dem Cutter noch nicht so geübt bist.)

4

Nun mit Acrylfarbe in Schwarz (oder deiner Teamfarbe) anmalen und trocknen lassen. Mit farblosem Sprühlack fixieren.

5

Abschließend 3 mm vom Rand entfernt die Outline des Wurfsterns mit Reliefpaste in Glittersilber bemalen und trocknen lassen.

IDEE

/// Zeichne einen großen Kreis mit Kreide auf den Boden und definiere einzelne Bereiche, die du mit verschiedenen Aufgaben belegst. Stellt euch ein paar Meter entfernt von dem Kreis auf und werft den Wurfstern in den großen Kreis. Je nachdem auf welchem Bereich er liegen bleibt muss der Werfer eine Aufgabe erfüllen. Es dürfen Jokerfelder („Nimm dir ein Gummibärchen aus der Süßigkeitentüte!") ebenso wie Aufgabenfelder („Mache zehn Liegestützen!") vergeben werden. Die Mitspielerzahl ist unbegrenzt. Fortgeschrittene Spieler werfen rückwärts, mit verschlossenen Augen, mit links oder stehen dabei auf einem Bein. ///

Modellgröße: 20 cm x 8,6 cm

Suchtfaktor: 99 %

Besonderheit: Pausenspaß

JENSEITS DER NEPTUNBAHN

// Kometen-Flummi //

Spezialität: Nachtaktiv

Schweiflänge: 35 cm

Coolness: 100 %

Bauteile

- ★ Flummi, ø 6 cm
- ★ Acrylfarbe in Cyanblau
- ★ Schablonierfarbe in Nacht-leuchtend
- ★ 8 nachtleuchtende Sterne, ø 4 cm
- ★ Kreppklebeband
- ★ Satinband in Dunkel-, Hell-, Cyan- und Pastellblau, 1,5 breit, 33 cm lang, 2 cm breit
- ★ UHU Sekundenkleber

Werkzeuge

- ★ Falzbein
- ★ Pinsel
- ★ Schere

1

Glühender Schweifstern! Komet! Asteroidenschauer!!! Bemale den Flummi mit Acrylfarbe in Cyan. Gut trocknen lassen! Dazu kannst du den Gummiball an einer Seite auf ein Schere rammen und ihn zum Trocken in ein Gefäß stellen.

2 Nimm die Satinbänder als Bündel in die Hand und schneide alle auf 33 cm zu.

3

Klebe nun jeweils zwei nachtleuchtende Sterne an die Enden der Satinbänder und zwar so, dass die Sterne genau aufeinander sitzen. Benutze dazu Sekundenkleber. Wenn du den fertigen Kometenball später den Tag über in die Sonne legst, laden sich die Sterne auf und leuchten, wenn der Komet in der Nacht gestartet wird.

4

Verbinde alle Satinbänder mithilfe eines kleinen Stück Kreppklebebands an den offenen Enden und stecke das Ende in das Loch, das du vorher mithilfe der Schere in dem Kometenball gestochen hast. Zum Fixieren kannst du ein wenig Sekundenkleber benutzen.

5 Male abschließend mit Hilfe eines Pinsels ein paar nachtleuchtende Punkte auf den Kometen, sodass er als leuchtender Himmelskörper zu erkennen ist. Mindestens drei bis vier Schichten auftragen, damit die Farbe gut deckt.

6 Start: 3-2-1 (Dunkelheitscheck) – Fest auf den Boden donnern und zusehen, wie der Komet in die Nacht springt.

DISCO-SCHEIBE

// Leuchtende Frisbee® //

Bauteile

- ★ Leuchtfrisbee mit LEDs, ø 26 cm
- ★ Schleifpapier, 180/240
- ★ Acrylfarben für Plastik in Türkis, Neonorange, Apfelgrün (alternativ normale Acrylfarben und Bastelkleber 1:2 mischen)
- ★ Ducttape in Gelb, 2 cm breit, 82 cm lang
- ★ 3 Sternaufkleber in Spiegelnd, ø 2 cm
- ★ Softaufkleber „Stern" in Silberglitzer, ø 4 cm
- ★ Kordel in Neongrün, ø 0,3 cm 60 cm lang
- ★ UHU Glitterglue in Silber
- ★ UHU Hart (alternativ Epoxidharzkleber)

Werkzeuge

- ★ Pinsel
- ★ Schere

1

Du willst eine individuelle, untopbar coole Frisbee, die im Park für Aufsehen sorgt? Mit Ducttape umklebst du die Kante deiner Leuchtfrisbee. Wenn du keine Leuchtfrisbee hast, pimpe am besten ein durchsichtiges Exemplar. Dann kannst du sie leuchten lassen, indem du LEDs mit kleinen Knopfbatterien an die Unterseite klebst.

2

Raue die Oberfläche deiner Wurfscheibe mithilfe von Schleifpapier etwas an. Anschließend malst du mit Acrylfarben für Plastik die Oberfläche abwechselnd neonorange, gelb und türkisfarben an. Lass die Farben trocknen.

3 Zweiter Maldurchgang – jetzt leuchten die Farben richtig! Trocknen lassen.

4

Die Ränder der einzelnen Farbpartien umrandest du mit silbernem Glitzerkleber. Trocknen lassen.

5 Verziere deine Leuchtfrisbee mit den Aufklebersternen und dem großen Softaufkleber, den du auf den Mittelpunkt klebst. Sieht das nicht cool aus?

6

Sorgfältig klebst du jetzt eine neongrüne Kordel an die Außenkante, also direkt an das Ducttape. Fertig ist das Wahnsinns-Wurfsportgerät!

SUPER SCHWEBEDECKEL

Modellgröße: ø 26 cm

Partyfaktor: 90 %

Achtung! Wird oft geklaut!

HELDEN-
EQUIPMENT

BEAM ME UP!

// Astronautenanzug //

Bauteile

- ★ Jet-Overall, Gr. 140 (alternativ Einwegoverall aus dem Baumarkt)
- ★ Kinderfahrradhelm mit Lüftungslöchern oben, Größe M
- ★ 1/4 Rolle Alufolie
- ★ Schuhkarton, 18 cm x 26 cm
- ★ 2 Duschschläuche, ø 3,5 cm, 1,5 m lang
- ★ 2 Dosen Sprühlack in Silber
- ★ Acryllack in Schwarz
- ★ Paar Arbeitshandschuhe, Gr. S
- ★ Prägefolie in Kupfer, 18,5 cm x 29 cm
- ★ Styropor®-Kugel, ø 12 cm
- ★ Styropor®-Kugel ø 9 cm
- ★ Gewebeklebeband in Silber, 5 cm x 200 cm
- ★ UHU Hart Spezialkleber
- ★ UHU Styroporkleber

Werkzeuge

- ★ Motivstanzer „Stern", ø 3,5 cm
- ★ Cutter
- ★ Kleiderbügel

1 Hänge den Jet-Overall an einem Kleiderbügel im Freien auf und besprühe ihn mit Silberlack. Trocknen lassen.

2

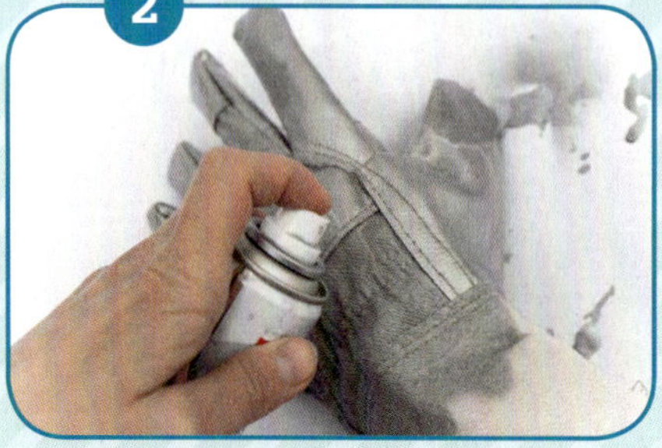

Lege alte Zeitungen aus und besprühe die Arbeitshandschuhe darauf mit Silberlack. Trocknen lassen.

3

Fahrradhelm und Schuhkarton in Alufolie einschlagen. Bohre mit dem Zeigefinger zwei der Lüftungslöcher des Helms frei, in die du jeweils einen Duschschlauch steckst. Die Duschschläuche von innen mit Gewebeklebeband fixieren.

4 Die Styropor®-Kugeln mithilfe eines Cutters halbieren und mit Sprühlack in Schwarz ansprühen. Trocknen lassen.

5

Nun kannst du die Halbkugeln mit Styroporkleber auf den Anzug kleben.

6 Stanze dir aus Prägefolie Kupfersterne aus und klebe sie mithilfe von UHU Hart auf den Overall.

7

Nun den Anzug und die Handschuhe anziehen. Den Helm aufsetzen. Von einem erwachsenen Assistenten den Kartonrucksack mit Gewebeklebeband anschnallen lassen (er ist dann fest auf dem Rücken montiert) und die Versorgungsschläuche unter den Rucksack stecken. Übrigens: Gummistiefel passen perfekt zum Astronautenoutfit!

Modellgröße: So groß wie du

Abenteuerfeeling: 100 %

Karnevalsfaktor: Preisverdächtig

AIRCRAFT

// Pilotenabzeichen //

Modellgröße: 15 cm x 6 cm

Coolnessfaktor: 99 %

Airlinezulassung: 5 %

1

Übertrage die Vorlage auf weißen Tonkarton und schneide die einzelnen Teile aus. Bemale die Streifen des Fliegerabzeichens mithilfe eines Pinsels abwechseln mit gelber und grüner Tusche.

2 Wenn die Streifen trocken sind, kannst du den Flugzeugkörper mit hellgrauer Tusche bemalen. Die Fenster und den Bugbereich mit Tusche in Dunkelgrau bemalen.

3

Nun die Rundkopfklammern auf dem Fliegerabzeichen verteilt anbringen. Stich dazu mit der kleinen Schere winzige Löcher vor.

4 Zeichne die Konturlinien der Einzelteile des Fliegerabzeichens mit schwarzem wasserfestem Stift nach.

5

Klebe die Einzelteile auf Wellkarton. Mit einem Rand von 0,5 cm ausschneiden. Den Rand des Wellkartons ebenfalls mit wasserfestem Stift in Schwarz nachmalen.

6

Zur Montage am Fliegerhut einfach selbstklebenden, doppelseitigen Klettverschluss am Pilotenabzeichen und dem Fliegerhut anbringen und das Abzeichen andrücken.

TIPP

/// Klar ist, dass nur einer der Flugkapitän sein kann. Aber es gibt im Cockpit noch weitere Posten zu vergeben: Denk dir andere Abzeichen aus und variiere die Streifenbreite. Du benötigst ein Abzeichen für deinen ersten Offizier (unterstützt und vertritt den Flugkapitän) und den Senior First Officer (wird bei einer Streckenlänge von 7500 km eingesetzt und ist berechtigt, den Kapitän während des Reiseflugs abzulösen). ///

Bauteile

- ★ Wellkartonrest in Gold
- ★ Tonkartonrest in Weiß
- ★ Tusche in Cheopsgrün und Gelb, Hellgrau und Dunkelgrau
- ★ Permanentmarker in Schwarz
- ★ 7 Rundkopfklammern in Silber, ø 4 mm, 9 mm lang
- ★ 4 Rundkopfklammern in Kupfer, ø 4 mm, 9 lang
- ★ 2 Halbkugeln in Silber, ø 1cm
- ★ UHU Alleskleber
- ★ Klettband (Klett und Flausch), selbstklebend, 20 cm x 2 cm
- ★ Schirmmütze

Werkzeuge

- ★ kleine Schere
- ★ Pinsel

Vorlage

Seite 118

JUHU, WELTALLPARTY!

// Planetenkuchen mit süßem Kern //

Zutaten

- ★ Semmelbrösel
- ★ Fett für die Form
- ★ 8 Tassen Mehl
- ★ 5 Eier
- ★ 4 Tassen Zucker
- ★ 2 Pack. Vanillezucker
- ★ 2 Pack Backpulver
- ★ 2 1/2 Tassen Öl
- ★ 2 1/2 Tassen Sprudelwasser
- ★ 50 g Marzipan
- ★ 1 Fläschchen Zitronenaroma
- ★ Aprikosengelee
- ★ Lebensmittelfarbpasten in Rot, Blau und Gelb
- ★ 1 kg Rollfondant in Blau

Werkzeuge

- ★ Pinsel
- ★ Nudelholz
- ★ Klarsichtfolie
- ★ 2 feuerfeste Schüsseln, ø 12 cm und ø 20 cm
- ★ Backofen
- ★ Holzstäbchen

1 Bereite deine Backformen vor, indem du die Schüsseln fettest und mit Semmelbröseln ausstreust.

2

Mache einen easy Rührteig, indem du die das Öl mit dem Zucker und den Eiern aufschlägst, dann Vanillzucker, Backpulver, Mehl und Mineralwasser unterrührst. Zuletzt gibst du das Zitronenaroma zum Teig dazu.

3

Teile den Teig auf: Drei Viertel des Teigs färbst du mit gelber und roter Lebensmittelfarbe orange. Die kleine Teigmasse färbst du mit roter und blauer Lebensmittelfarbe violett.

4 Heize den Herd auf 180° Umluft vor und fülle den lila Teig in die kleine Schüssel und den orangefarbenen Teig in die große Schüssel. Von beiden Teigmassen benötigst du jetzt nur die Hälfte! (Wer vier passende Schüsseln hat, backt alles zeitgleich). Beide Schüsseln sollten bis 2 cm unter dem Rand mit Teig gefüllt sein. Die kleine Schüssel backt etwa 30 Minuten, die große 60 Minuten. Du kannst die Backzeit immer wieder testen, indem du ein Holzstäbchen in den Teig piekst. Wenn kein Teig mehr daran kleben bleibt, ist der Kuchen innen durch.

5 Wenn beide Kuchen fertig sind, lässt du sie draußen erkalten und kippst sie dann aus der Form.

6

Schneide vorsichtig die Kruste beider Kuchen ab – und vernasche sie! Nun nimmst du einen Löffel und höhlst den großen Kuchen aus, sodass der kleine hineinpasst.

7

Den kleinen Kuchen höhlst du etwa eiergroß aus. Streiche die Vertiefungen mit Aprikosengelee ein. Setze den kleinen Kuchen in die Vertiefung des großen Kuchens.

8

Färbe das Marzipan mithilfe von blauer Lebensmittelfarbe knallblau. Den Marzipanball legst du nun in die Vertiefung des kleinen Kuchens.

9

Backe erneut einen großen orangefarbenen und einen kleinen violetten Schüsselkuchen und füge die Planetenhälften zu einer Kugel zusammen.

10

Breite Klarsichtfolie auf der Küchenplatte aus und rolle darauf den blauen Fondant dünn aus. Ummantle damit den Kugelkuchen. Ziehe dann erst die Klarsichtfolie ab. Bruchstellen im Fondant mit Wasser bepinseln.

11

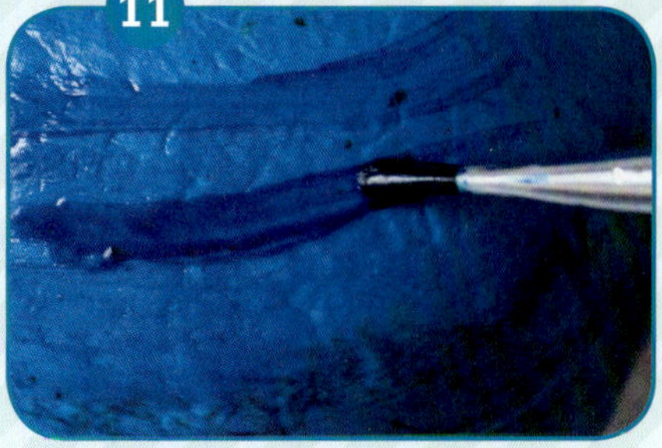

Abschließend malst du mit einem Pinsel und etwas verdünnter Lebensmittelpaste noch blaue Streifen auf die Planetenoberfläche. So, auf zur Astronautenparty!

Modellgröße: ø 22 cm

Reicht für: 6 Personen

Spezialität: Super Lecker!

HUI – RAKETENANTRIEB!

// Raketenrucksack mit Packvolumen //

Bauteile

- 2 PET-Flaschen, 1,5 l
- Spinnaker-Nylon in Blau, 25 cm x 52 cm
- Geschenkband in Gelb, 4 cm breit, 26 cm lang
- Spinnaker-Nylonrest in Orange
- 2 Schnallenverschlüsse, seitl. schließbar
- Gurtband in Türkis, 2 m lang, 4 cm breit
- Klettband (Klett und Flausch), selbstklebend, 15 cm lang, 2,5 cm breit
- Farbspray in Silber
- Ducttape in Gelb, 1,8 cm breit und 40 cm lang
- Schleifpapier, 180/240
- Einweckgummi
- Softaufkleber „Stern" in Silberglitter, ø 4 cm, 3 cm und 2 cm

Werkzeuge

- Nähmaschine (alternativ Nadel & Faden)
- Schere
- Stift
- **erwachsener Helfer im Tower**

Vorlage

Seite 129

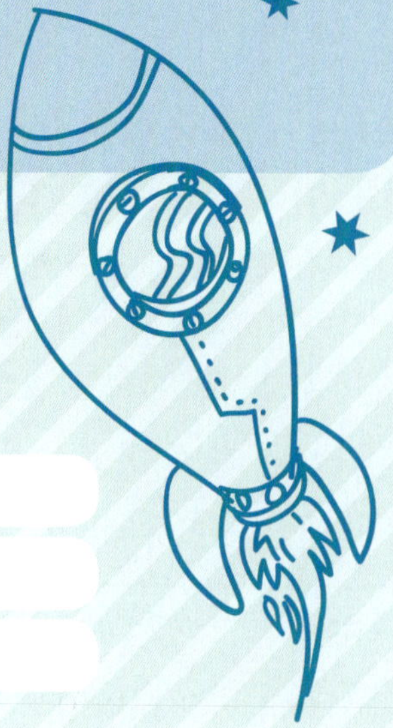

Modellgröße: 70 cm hoch

max. Traglast: 3 kg

Superheldenfeeling: 100 %

1

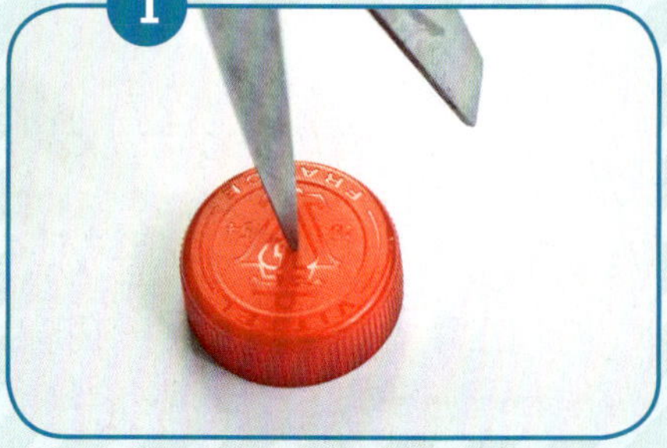

Dieser Raketenrucksack sorgt für mehr Schub! Schraube die Verschlüsse von zwei Plastikflaschen ab und stich mithilfe einer Schere jeweils ein Loch in die Deckelmitte.

2

Übertrage die Flammenvorlage auf das Geschenkband und Nylonrest. Schneide die Flammen aus. Die Enden drehst du eng zusammen und führst sie durch das Loch im Verschluss. Dahinter verknotest du die Enden oder fixierst sie mit einem Haushaltsgummi.

>>

MAXIMALE BESCHLEUNIGUNG

HUI – RAKETENANTRIEB!

3 Raue die Flaschenoberfläche mit Schleifpapier an.

4

Schneide nun mit einem Cutter vorsichtig die Flaschenböden ab, 3 cm vom Flaschenende entfernt. Wenn du noch nie einen Cutter benutzt hast, dann bitte einen Erwachsenen um Hilfe!

5

Anschließend sprühst du die Flaschen silbern an und lässt sie trocknen. Arbeite auf einer alten Zeitung.

6

Wenn sie getrocknet sind, klebst du um die Schnittkanten gelbes Ducttape.

7 Lege das Gurtband um die Taillen der beiden Flaschen und schneide es auf diese Länge zu. Nähe das Gurtband zusammen. Wenn du ohne Erwachsenen arbeitest, nähst du mit Nadel und Faden (oder tackerst das Band). Mit einem Assistenten kannst du natürlich auch an die Nähmaschine! Die Schlinge stülpst du an die Stelle der Flaschen, die du eben vermessen hast. (Deine Flaschen halten nicht richtig zusammen? Unter dem Gurtband kannst du sie noch mit einem dicken Einweckgummi zusammenschnallen!)

8

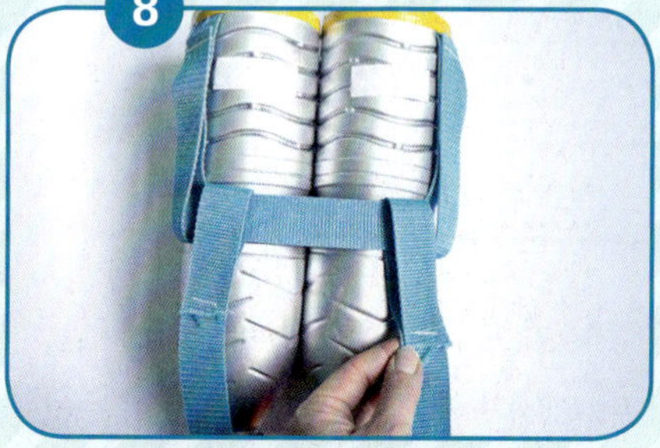

Das restliche Gurtband teilst du in vier gleichlange Stücke. Diese fädelst du durch die Gurtbandschlinge, die du eben um die Flaschen gestülpt hast. Die zwei Gurtbänder in der Mitte klappst du 10 cm nach unten um und die zwei Gurtbänder die außen liegen klappst du 10 cm nach oben um. Vernähe sie.

9

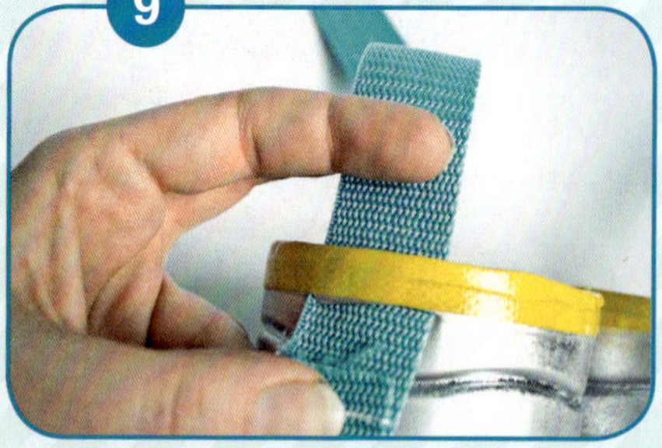

Für die Gurtbänder außen schneidest du mit dem Cutter unterhalb des Ducttapes einen Schlitz in die Flasche. Fädle die Gurtbänder von vorn nach hinten hindurch.

10

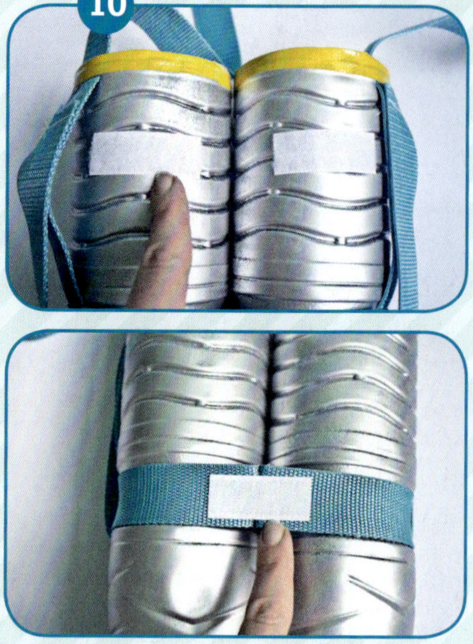

Klebe zwischen die Gurtbänder hinten je einen Streifen Klettbandflausch auf die Flaschen. Das gleich machst du vorn an dem Gurtband, das die Flaschen zusammenhält.

11

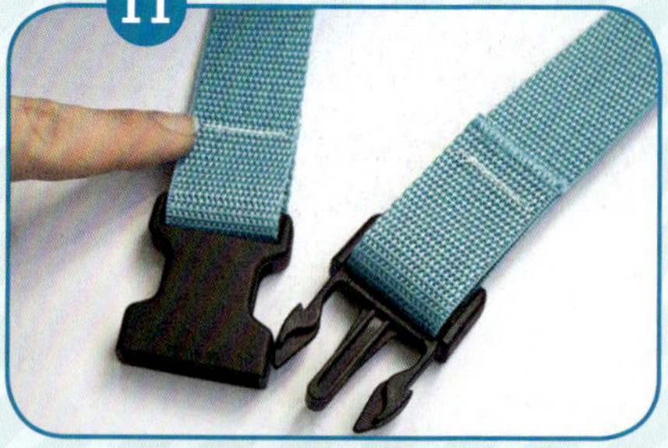

Nähe (oder tackere) die Gurtbandschnallen an die langen Enden der Gurtbänder. Die Schließen kommen an die beiden Gurtbänder, die innen liegen, die Verschlusskrallen an die äußeren.

Schneide das blaue Spinnaker-Nylon entsprechend der Vorlage zu. Dann nähst die beiden Teile links auf links am Rand entlang zusammen. Lass einen kleinen Schlitz offen, um das Ganze zu wenden. Wenn du gewendet hast, nähst du auch den Schlitz zu.

An die lange Seite klebst du nun im gleichen Abstand wie bei den Flaschen zwei Klettbandstücke. An der Spitze machst du auch eines fest. Klette nun die Flächen an die entsprechenden Gegenstücke an den Flaschen. Softaufkleber außen drauf – und ganze 72 Stunden warten. Dann ist der Rucksack belastbar und du kannst mit vollem Gepäck lossausen.

TIPP

/// Du kannst nicht nähen? Alle Nähte kannst du alternativ mit Bügelvlies (Sulky) aneinanderbügeln oder tackern. Du hast kein Spinnaker-Nylon? Bügle mit niedriger Temperatur zwei Plastiktüten zwischen zwei Backpapieren aufeinander. Fertig ist das individuelle Deckelmaterial! ///

CREWMITGLIED

// Flugzeuggurtgürtel mit Crewpass //

Bauteile

- ★ Gürtel aus Flugzeuggurt
- ★ Druckknopf, ø 1,5 cm
- ★ Klebefolie transparent, 7 cm x 10 cm
- ★ Fotokarton in Gelb, 7 cm x 10 cm
- ★ Passfoto, 5 cm x 4,2 cm
- ★ Reliefpaste in Glitter-Silber und Schwarz
- ★ UHU Photo Stic (alternativ doppelseitiges Klebeband)
- ★ Filzstift in Schwarz

Werkzeuge

- ★ Cutter & Unterlage
- ★ kleine Schere
- ★ Variozange
- ★ Lochzange

Vorlage

Seite 119

1 Besorg dir einen Gürtel aus Flugzeuggurt mit einem tollen Schnellverschluss, wie du ihn aus dem Urlaubsflieger kennst. Du kannst alternativ aber auch einen normalen Gürtel nehmen.

2

Male mit den Reliefpasten in Schwarz und Silber das Flugzeugmotiv auf die Schnalle des Gürtels. Alles gut trocknen lassen!

3

Mithilfe einer Lochzange stichst du ein 3 mm-Loch 9 cm neben der Gürtelschnalle. Nach Gebrauchsanweisung den ersten Teil des Druckknopfes in den Gürtel einarbeiten.

4 Übertrage die Vorlage für den Crewpass auf gelben Fotokarton und schneide ihn sorgfältig aus.

5 Schneide dein Passfoto auf 5 cm x 4,2 cm zu, sodass du es mit Klebstoff in das dafür vorgesehene Fenster einleben kannst. Benutze dazu Fotokleber oder doppelseitiges Klebeband.

6 Schreibe nun mithilfe eines Stiftes deinen Namen und deine Funktion an Bord hinein. Bist du der Steward oder die Pilotin? Überziehe deinen Ausweis mit Klebefolie (du kannst ihn auch laminieren).

7

Bring den zweiten Teil des Druckknopfs am Crewpass an und knöpfe den Crewpass an den Gürtel. Deine Passagiere können nun durch einen einfachen schnellen Blick erkennen, welche Position du in der Crew hast.

Höhe: 20 cm

Besonderheit: Exklusivität

Coolnessfaktor: 100%

GANZ SCHÖN SMART

// Pilotenshirt //

Bauteile

- ★ Hemd in Dunkelblau, in deiner Größe (hier 146)
- ★ Filz in Dunkelblau, A4, 0,3 cm dick
- ★ 4 Knöpfe in Silber, ø 2,4 cm
- ★ 6 Goldkordeln, ø 0,3 cm, 5 cm lang
- ★ 2 Goldkordeln, ø 0,3 cm, 20 cm lang
- ★ 2 Goldkordeln, ø 0,3 cm, 25 cm lang
- ★ 4 Klettbänder (Klett und Flausch), selbstklebend, 7 cm lang, 2.5 cm breit
- ★ UHU Creativ für Filz

Werkzeuge

- ★ Stift
- ★ Schere
- ★ Nähnadel und Garn

Vorlage

Seite 122

1

Übertrage die Vorlagen auf den Bastelfilz und schneide die Teile aus.

2

Auf dein Hemd klebst du die selbstklebenden Klettstücke – einmal auf jede Schulter und einmal dahin, wo normalerweise die Brusttaschen eines Hemdes wären.

3 Auf die Rückseiten deiner Filzteile klebst du den Klett-Flausch. Damit die selbstklebende Klettbänder optimal halten, müssen sie 72 Stunden ohne Belastung trocknen.

TIPP

/// Die Goldkordeln auf den Schulterklappen sind die Dienstgradabzeichen, an denen man ablesen kann, welchen Rang der Träger an Bord hat. Sie können je nach Fluggesellschaft unterschiedlich aussehen. ///

4

Nun klebst du an die Kanten deiner Bastelfilzteile Goldkordel. Außerdem auf die Schulterklappen je drei Querstreifen und zwei Streifen auf die Brusttaschen.

5

Mit Nadel und Faden nähst du an die Schulterklappenspitzen und an die Brusttaschenspitzen je einen silbernen Knopf.

6

Die beiden schmalen Filzstreifen legst du über die Schulterklappen, direkt hinter dem Knopf. Klebe sie an der Unterseite fest. Alles ankletten! Zum Waschen solltest du die Bastelfilzteile allerdings jedes Mal entfernen. Boah, ganz schön cooles Pilotenoutfit!

Konfektionsgröße: 146

Beeindruckte Kollegen: 5

Verliebte Stewardessen: 7

VORLAGEN

Adlerspucken

Seite 70

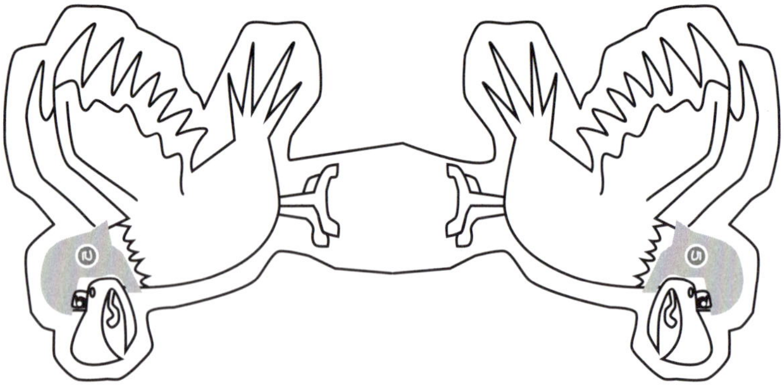

Fiese Viecher!

Seite 72

Begegnung der dritten Art

Seite 64

Über den Wolken ...

Seite 37

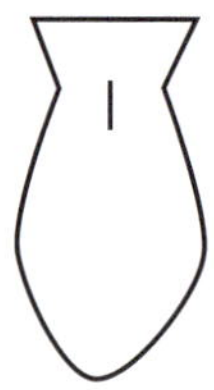

Aircraft

Seite 106

Crewmitglied

Seite 114

Metallica

Bitte auf 200 % vergrößern

Seite 10

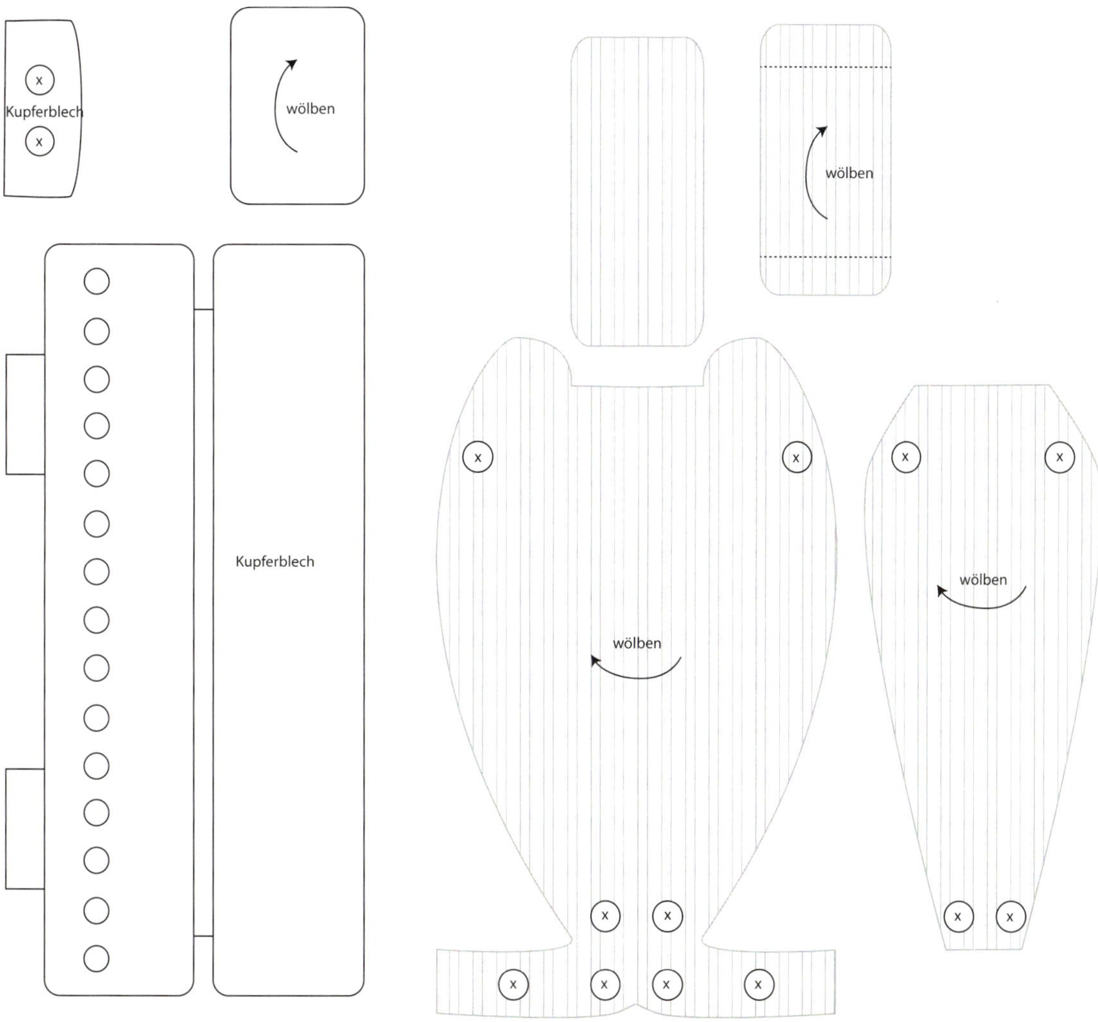

Hände hoch!

Seite 76

Verrückter Flugsaurier

Seite 74

Wurfkraft-Voyager

Seite 56

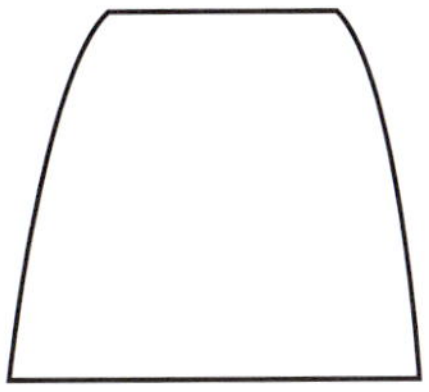

Sturmexperte

Seite 79

Bitte auf 250 % vergrößern

Energija

Seite 66

Magneto

Seite 50

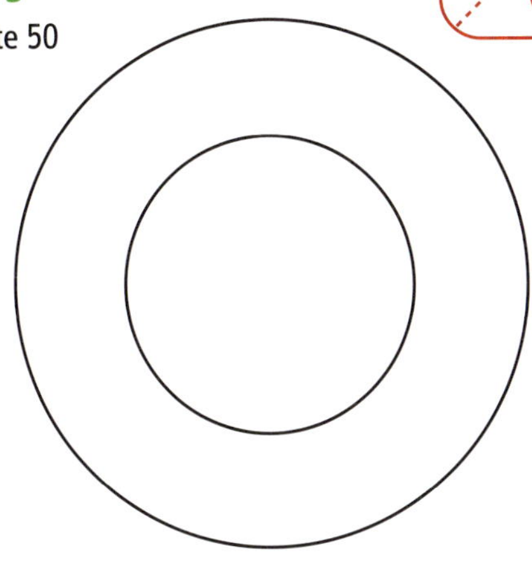

Mr. Adrenalini

Seite 44

Bitte auf 300 % vergrößern

Ganz schön smart

Seite 116

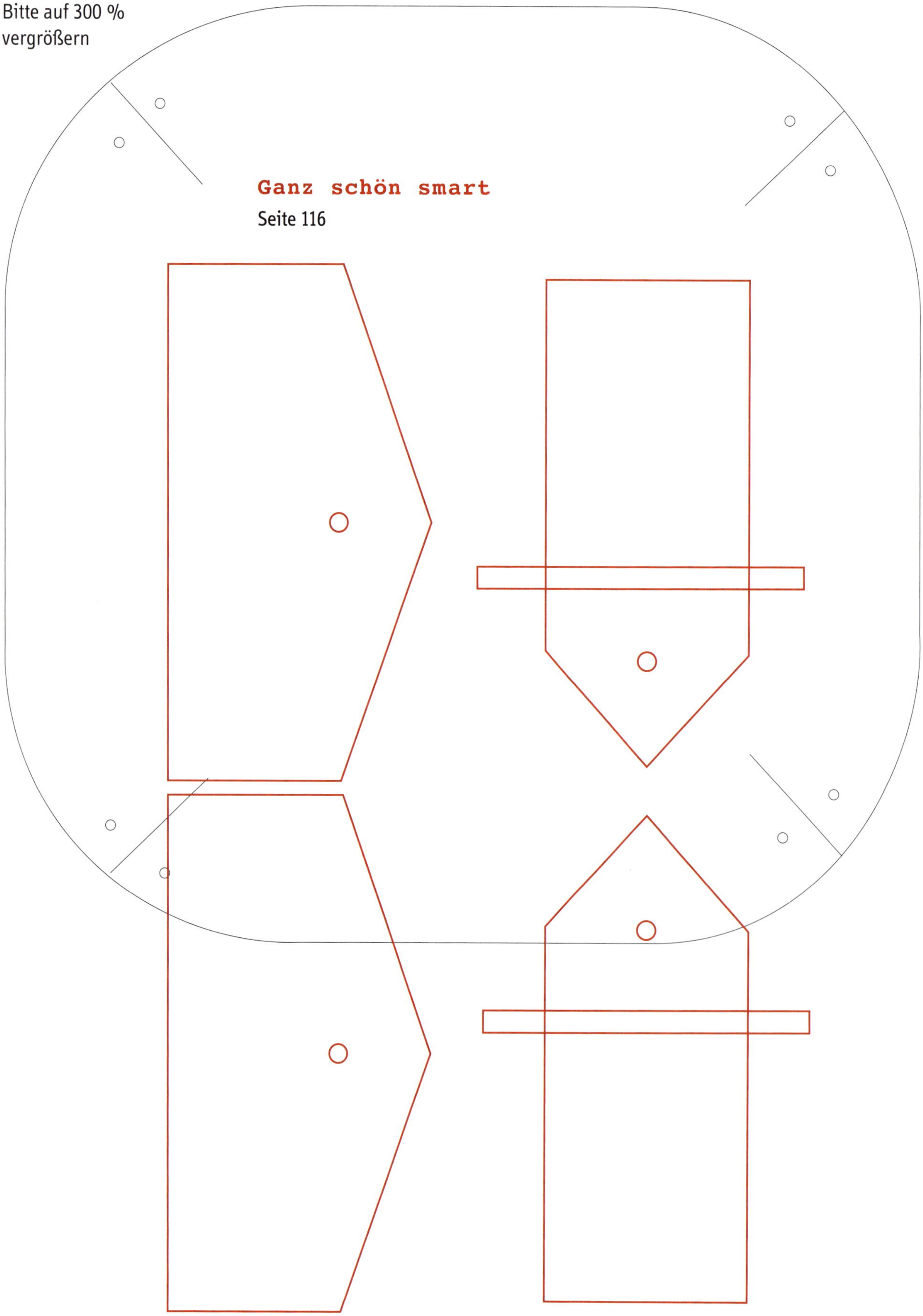

Spaceshuttle

Seite 48

Bitte auf 200 % vergrößern

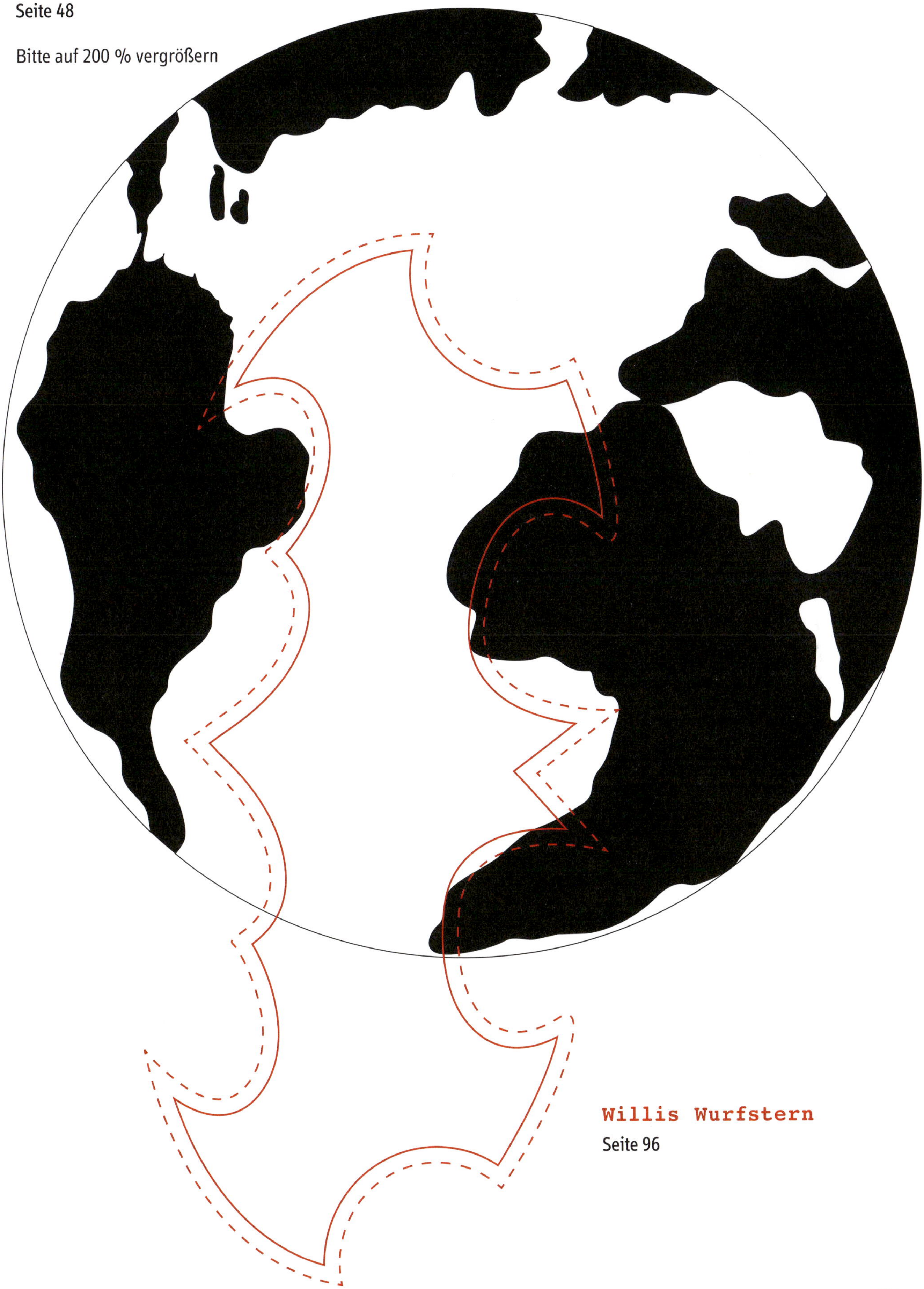

Willis Wurfstern

Seite 96

Seite 26

Abgedreht!

Seite 14

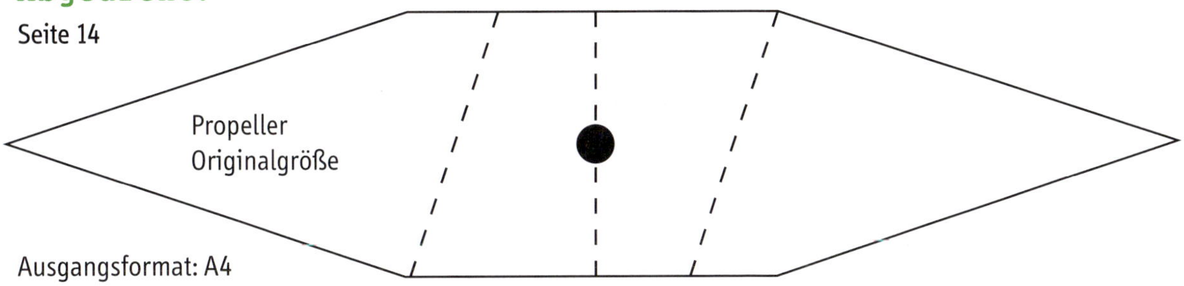

Ausgangsformat: A4

 Faltrichtung

 Punkt auf Punkt falten

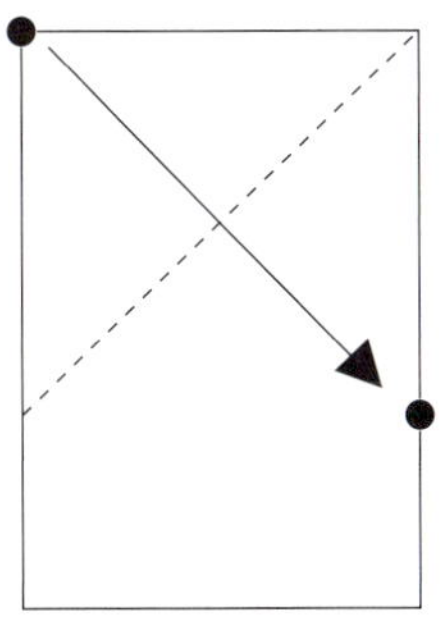

1. Die obere linke Ecke nach unten rechts Falten.

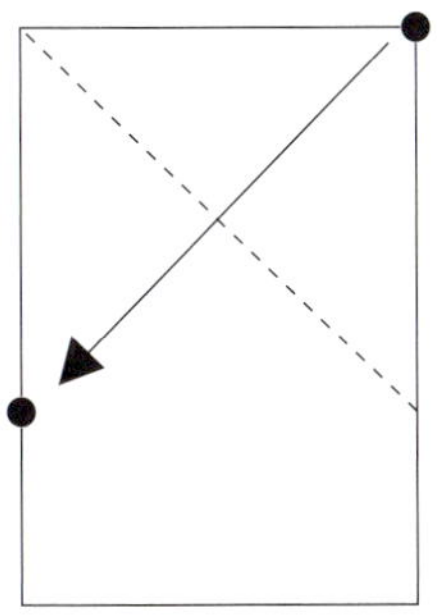

2. Die obere rechte Ecke nach unten links Falten.

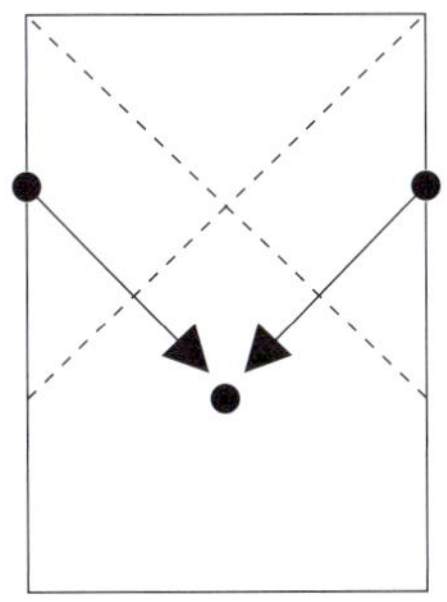

3. Die entstandenen Falze nutzen um die rechte und linke Seite nach innen zur Mitte zu falten. Die obere Lage flachdrücken. Es entsteht oben eine Spitze.

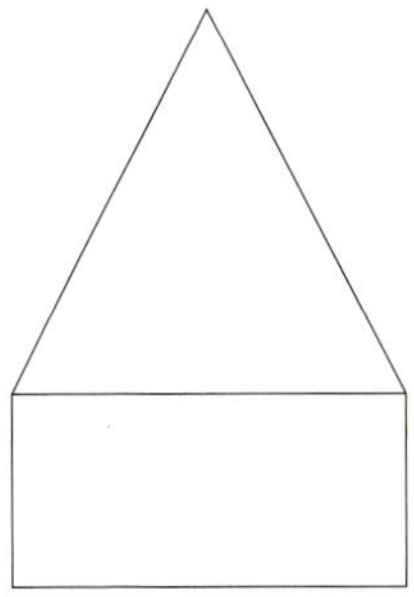

Ergebnis Schritt 3

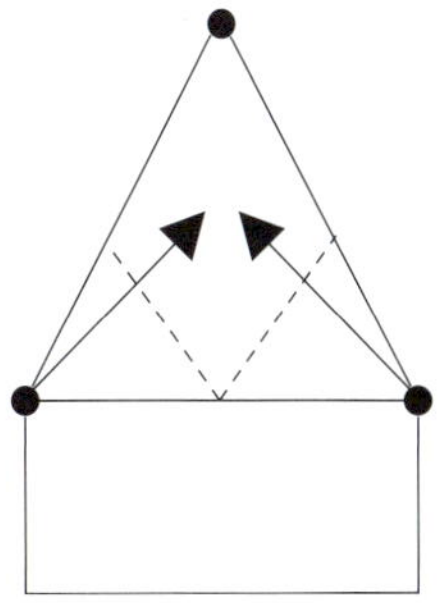

4. Die äußeren Spitzen der oberen Lage (des Dreiecksbereiches) zur oberen Mitte falten.

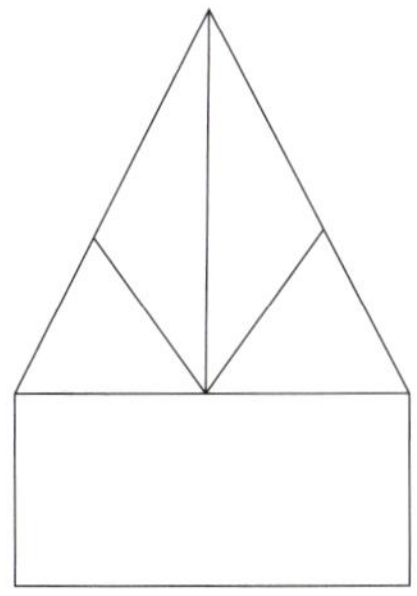

Ergebnis Schritt 4

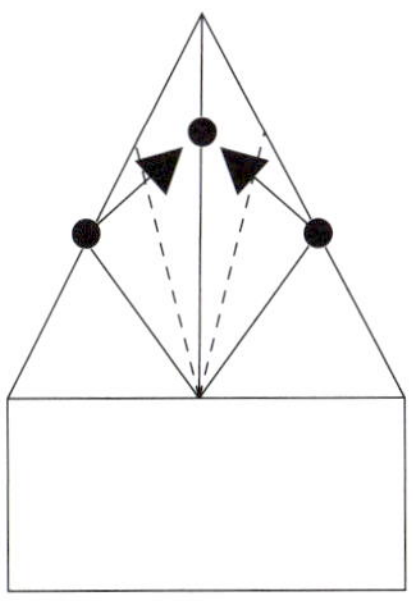

5. Die beiden äußeren Ecken der obersten Lage nun wie bei einem Drachen nach oben zur Mitte falten.

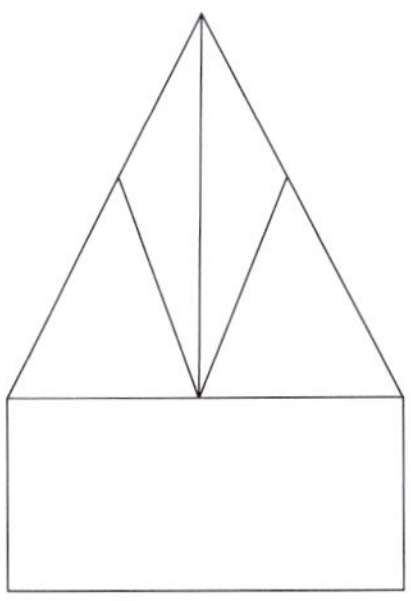

Ergebnis Schritt 5

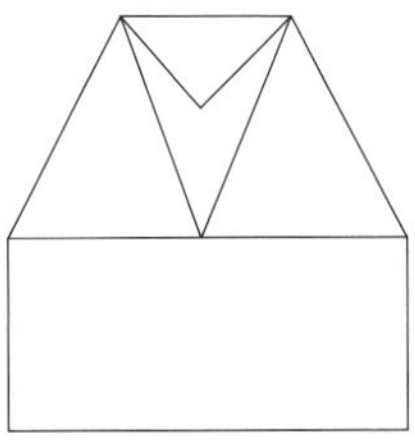

6. Falte nun die Spitze nach unten. Du kannst sie mit doppelseitigem Klebeband befestigen.

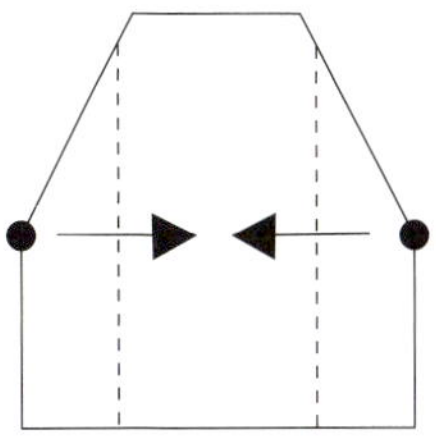

7. Wende das Modell.Falte nun die äußere rechte und die äußere linke Kante zur Mitte.

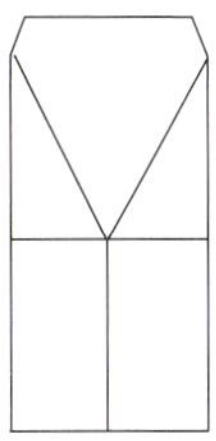

Ergebnis Schritt 7

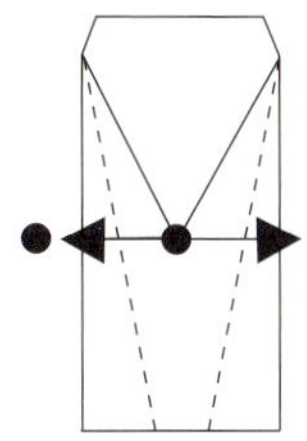

8. Falte nun die Klappen der rechten und der linken oberen Lage nach rechts bzw. links außen weg. Dein Flugzeug ist fertig!

Schneller, höher, weiter!

Seite 86

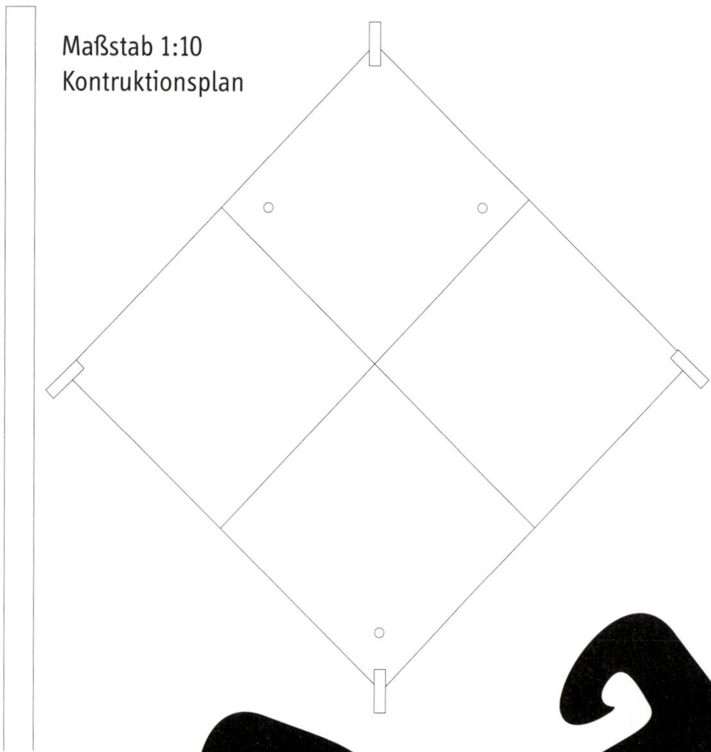

Zack, durch den Feuerreifen!

Seite 92

Ariane 5

Seite 62

Roter Gleiter

Seite 24

Bitte auf 400 % vergrößern

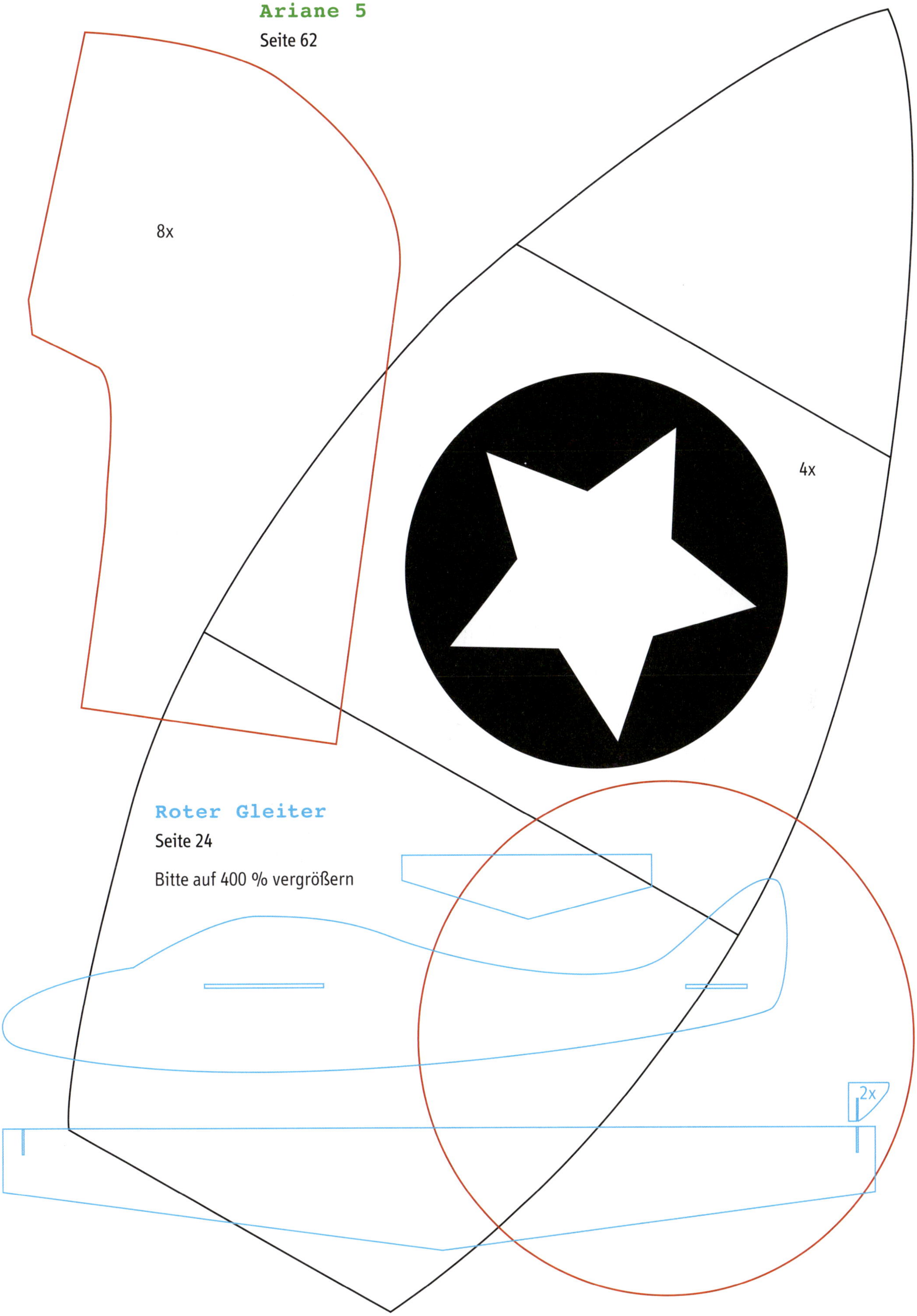

Weg mit dir!

Seite 30

Außerirdisch

Seite 58

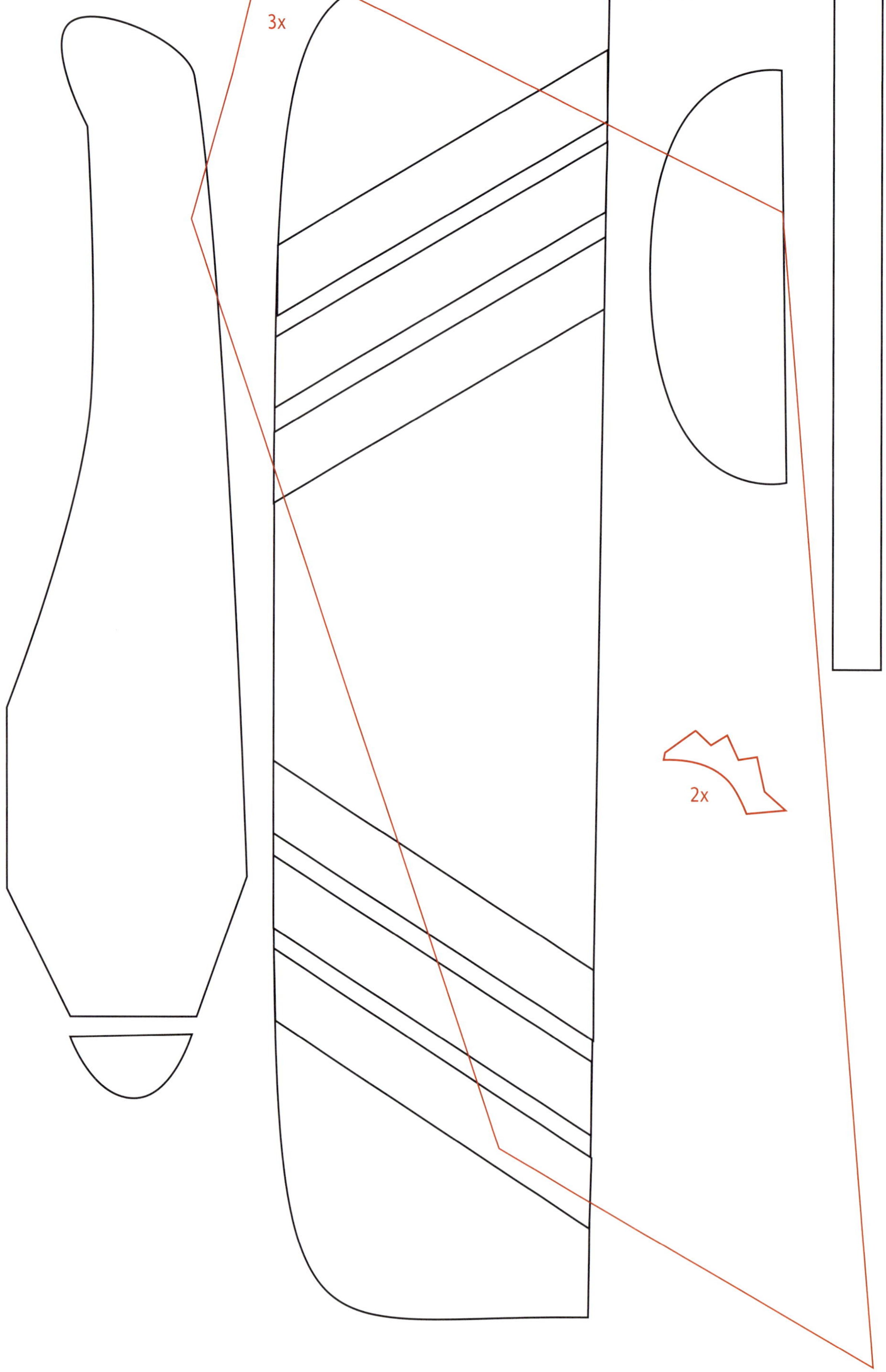

Hui – Raketenantrieb!

Bitte auf 200 % vergrößern

Seite 110

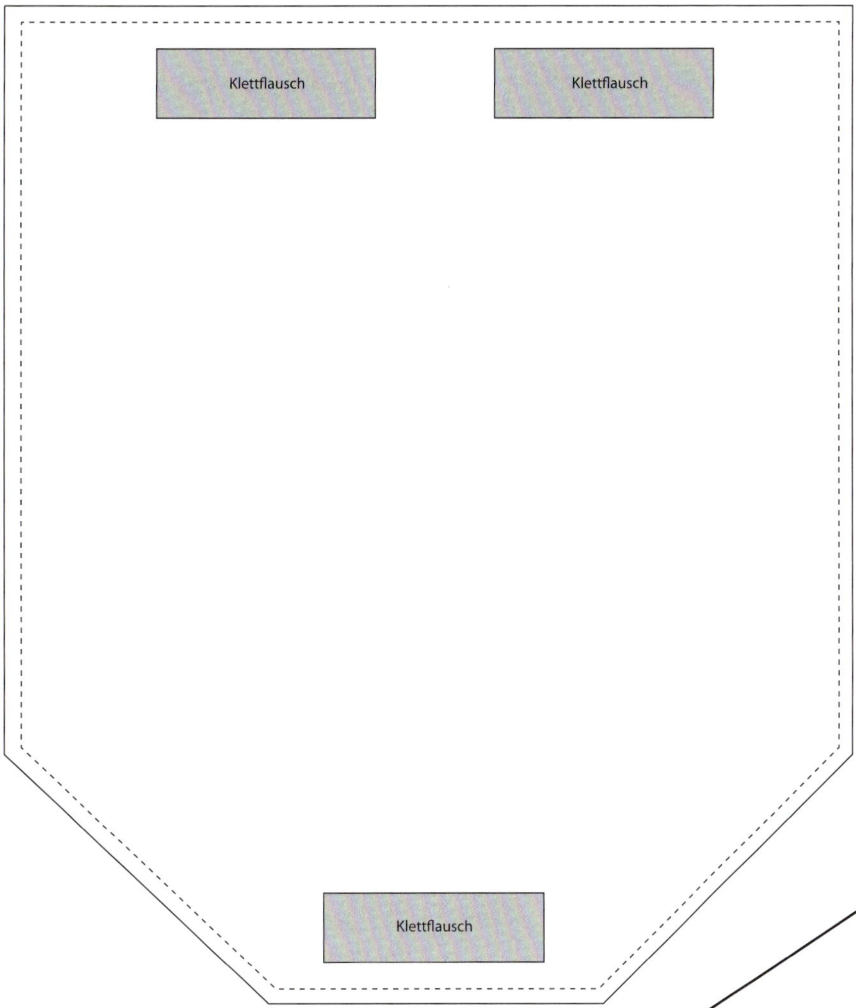

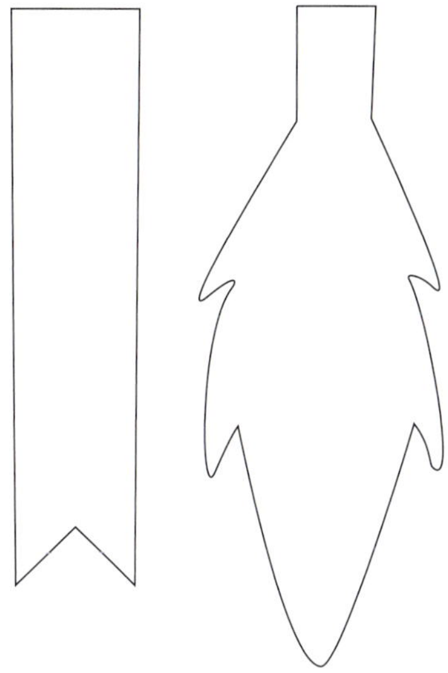

Die zischt ab!

Seite 52

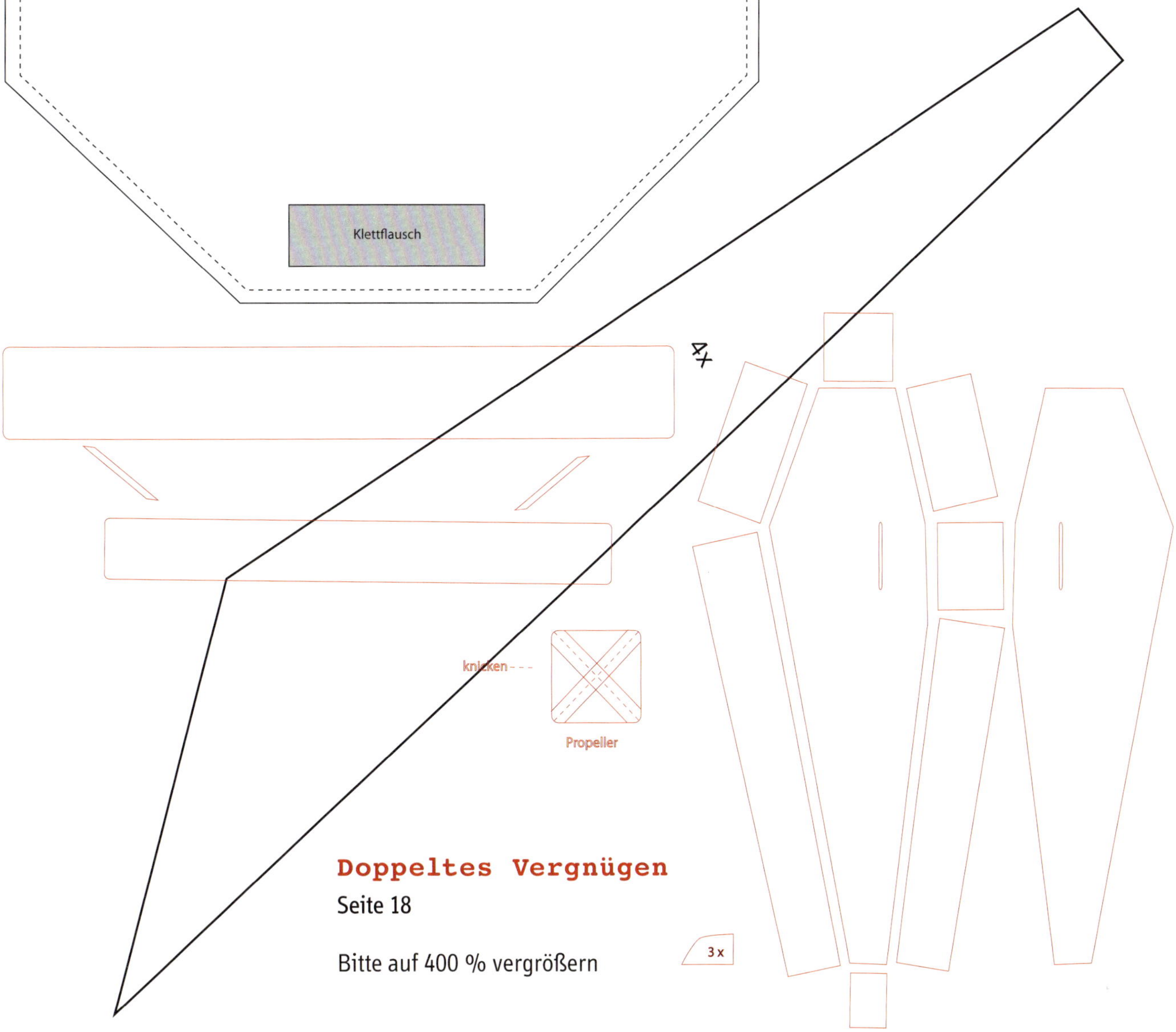

Doppeltes Vergnügen

Seite 18

Bitte auf 400 % vergrößern

BUCHTIPPS FÜR DICH

Weitere Bücher von Bianka Langnickel und Franziska Heidenreich!

TOPP 5753
ISBN 978-3-7724-5753-1

TOPP 5774
ISBN 978-3-7724-5774-6

TOPP 5782
ISBN 978-3-7724-5782-1

TOPP 5751
ISBN 978-3-7724-5751-7

TOPP 5797
ISBN 978-3-7724-5797-5

TOPP 5674
ISBN 978-3-7724-5674-5

BUCHTIPPS FÜR DEINE ELTERN

TOPP 5597
ISBN 978-3-7724-5597-7

TOPP 5856
ISBN 978-3-7724-5856-9

TOPP 5865
ISBN 978-3-7724-5865-1

AUTORINNEN

Die Autorin **Bianka Langnickel** ist Grafik-Designerin, Mediengestalterin (M.A.) und Fotografin. Die Autorin **Franziska Heidenreich** ist Mediengestalterin und Kommunikationspsychologin (Dipl.). Die beiden leben in Berlin und kennen sich schon sehr, sehr lange. Die Großstadt und alle Hangars der Umgebung durchstreifen sie mit Franziskas Sohn Julius und Biankas Hund Flash wann immer sie eine freie Minute finden. Wie durch die Medien mittlerweile jedem bekannt sein dürfte, ist das mit dem Fliegen in Berlin ein durchaus brisantes Thema, denn hier träumen viele davon, alsbald von einem neuen Flughafen aus abheben zu können. Die zwei konnten aber einfach nicht länger auf seine Fertigstellung warten. Deshalb sind sie schnell in ihre Tüftlerwerkstatt gestiegen und haben geschraubt und geklebt, um dem fantastischen Traum vom Fliegen auf eigene Faust ein bisschen näher zu kommen. Spezialeffekte, Tierisches und viel Action durften dabei auf keinen Fall zu kurz kommen und so etwas wie ein Nachtflugverbot kennen die beiden sowieso nicht! Wer mehr über die flugversierten Damen erfahren möchte, der darf sie auf www.zwei-eck.com besuchen.

DANKE!

Wir danken Folia (Max Bringmann KG), Wendelstein, Jakoo, Bad Rodach, Buttinette, Wertingen, UHU, Bühl/Baden, Rayher Hobby, Laupheim, Heyda (Baier & Schneider GmbH & Co. KG), Heilbronn, Marabu, Tamm, und Westfalenstoffe, Münster für die großzügige Unterstützung mit Bastelmaterial.

Wir danken unseren Supermodels Julius und Flash, Jette, Luca, Nils, Rudolph, Thea, Lara, Eddi, Toni und Toni, Elise, Tim, Marc, Max, Max und Max, Norick, Loris und Ben.

Ein großes Dankeschön außerdem an Carmen Langnickel, Jérôme Robert, den Luftfahrttechnischen Museumsverein Rothenburg e.V. und den Fliegerclub Eibau-Oberlausitz e.V. (Flugplatz Rothenburg/Görlitz GmbH), auf deren Gelände wir die tollen Fotos machen durften.

SERVICE-GARANTIE

Hilfestellungen zu allen Fragen, die Materialien und Bastelbücher betreffen: Frau Erika Noll berät Sie. Rufen Sie an: 05052/911858*

*normale Telefongebühren

IMPRESSUM

FOTOS: frechverlag GmbH, 70499 Stuttgart; Bianka Langnickel, Berlin
FOTOASSISTENZ: Franzika Heidenreich
ILLUSTRATIONEN: www.istockphoto.com „Flying objects collection“ (LokFung)
PRODUKTMANAGEMENT UND LEKTORAT: Anja Detzel
LAYOUT UND SATZ: Sophia Höpfner
DRUCK UND BINDUNG: APPL, Wemding

Lassen Sie Ihre Kinder nie unbeaufsichtigt basteln und werkeln!

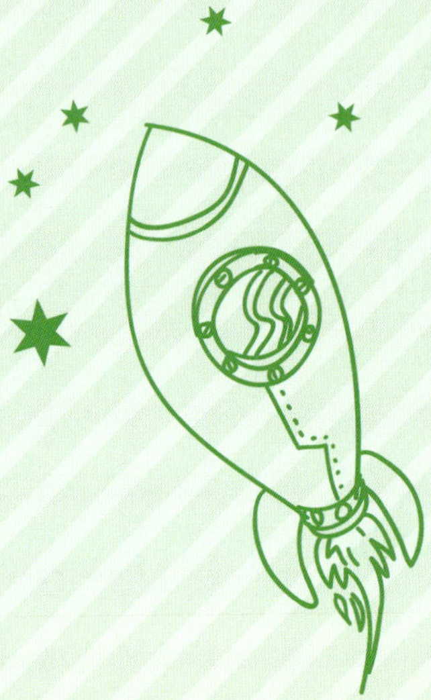

1. Auflage 2014

ISBN 978-3-7724-5679-4 | Best.-Nr. 5679